自己肯定感を高める、

# アドラーの名言


桑原晃弥

Teruya Kuwabara



ぱる出版

# はじめに

「人は努力と訓練によって、何者にでもなることができる」という楽観主義が、心理学者アルフレッド・アドラーの基本的な考え方です。自分次第で未来は変えていくことができるという明るさがそこにはありますが、同時に自分を変えていくことの難しさは誰もが経験していることでもあります。

一体、なぜ自分を変えていくのは難しいのでしょうか？

「失敗への恐れ」が「一歩を踏み出す勇気」を挫くこともあれば、「自分なんか」「私なんか」といった自分に対する過小評価が、変わることへの恐れにつながります。

そんな躊躇《ためら》いにとらわれた時に思い出したいのが女優ののん（本名・能年玲奈）さんの『へたくそだからやっちゃダメ』って誰が決めるんだろう」という言葉です。

人が新しい何かをやろうと思いながら一歩を踏み出せないのは、「失敗したらいやだ」「へたくそだから」「笑われたくない」といった気持ちが邪魔をするからです。たしかに私たちは得意なこと、上手なことは率先してやろうとしますが、そうでないものは「へたくそだからやめておこう」となりがちです。

しかし、よく考えてみると、それは誰が決めるわけでもなく、自分が決めていることなのです。大切なのは「へたくそだからやめる」のではなく、「でも、好きだしやりたいからやってみよう」と一歩を踏み出す勇気なのです。もちろんやったからといってすぐにうまくいくわけではありません。「努力と結果の間には時差がある」と言われるように、うまくいくためにはある程度の時間はかかりますし、かかる時間は人によって差があるのもたしかです。そんな時、つい周りの人と比べて「自分はダメだ」と落ち込みがちですが、アドラーが言うように比べるべきは「他人」ではなく、「昨日の自分」なのです。

昨日の自分と比べてほんの少し進んでいれば、それが進歩であり、その積み重ねが成長となるのです。今の自分に自信が持てず、「変わりたい」のなら、まずは一歩を踏み出しましょう。それが自分を変え、周りを変え、人生を変えていくことになるのです。

今は生きづらい時代であり、気持ちをくじかれることも少なくありませんが、勇気と訓練によって課題に対処すれば、きっと素晴らしい未来が開けてきます。大切なのは自分の可能性を信じ、仲間を信じることです。それだけで人生は豊かになるのです。

本書の執筆には、ぱる出版の原田陽平さんにご尽力いただきました。感謝します。

桑原晃弥

# 目次

## 第2章

## 「変わり続ける勇気」を持とう 37

## 第3章

# 「まず自分が動く」からすべてが始まる 63



## 第4章

# 「失敗を覚悟する」と心は軽くなる 89

第5章

## 「今できること」に集中すると心は楽になる

第6章

# 「言い訳をやめる」と一歩を軽く踏み出せる

## 第7章　仲間を信じて「協力する力」を磨きぬけ

第8章

## 人を信じ勇気を持って生きていこう



組版・本文デザイン：松岡羽

# 第1章

# 「自分で
# 自分を信じる」
# ことから始めよう

# 第1話

最初から「できない」と諦めるのは、
自分で自分の可能性を潰すこと。
難しそうでも自分の可能性を
信じてやってみよう。

自己肯定感を高めるには、何よりも自分に自信を持つことが大切になります。

そうはいっても、ほとんどの人は自分に確固たる自信を持つことができないままに生きているわけですが、その場合も自分のすべてがダメなわけでもないし、嫌なわけではないはずです。

自分の中には「嫌いな自分」「まったく自信の持てない自分」だけではなく、「好きな自分」「少しは自信を持てる自分」もきっといるはずです。

まずはそんな自分を好きになり、ほんの少し勇気を出してみてはいかがでしょうか。

アドラーの特徴は、才能や遺伝の影響を認めず、「誰でも、何でも、成し遂げることができる」と言い切るところにあります。

もちろんそのための努力は必要になりますが、「とうてい達成できないようなことでなければ、最終的にはできる」というのがアドラーの考え方です。

これは理論というよりも、アドラーの経験に基づく言葉です。

子ども時代、アドラーは数学に苦しみ留年していますが、そんなアドラーに対して父親は、学校をやめさせて、靴づくり職人の徒弟にならせると脅かします。アドラーの幼い頃からの夢は「医者になる」ことでしたが、そのためには今通っている学校を卒業して、大学の医学部に進む必要があります。

アドラーは、父親のきつい励ましもあって一生懸命に勉強した結果、学校で最も数学のできる生徒の1人になっています。時には教師が立ち往生するような難問もアドラー1人が答えることができています。そしてそれからは数学を楽しむようになり、あらゆる機会に数学の能力を伸ばす努力をするようになりました。

こうした経験から得たのが「誰でも、何でも、成し遂げることができる」です。

警戒すべきは「できないという思い込み」にとらわれることで、この思い込みから解き放たれれば、人はとうてい達成できそうもないこと以外は、「できると思うがゆえにできる」ようになるのです。

この説に対して、「そうはいっても」と反論したくなる人もいるはずです。そんな人が参考にしたいのが音楽家の坂本龍一さんの次の言葉です。

「人間は自分で無理難題を出すことはない。『われに七難八苦を与えたまえ』なんて思う人はほとんどいない。けれど他人はやるんです。思いもつかない仕事をやれと言われたら、まずは自分をそこに投げ込むんです」

「無茶ぶり」には乗ってみろ、ということです。

坂本さんは世界的に人気を博したＹＭＯ解散後、１人で活動するようになり、大ヒット映画『戦場のメリークリスマス』や、日本人初のアカデミー作曲賞に輝いた『ラストエンペラー』で役者と映画音楽に挑戦しています。

どちらも未知の経験で、制作期間など条件的にも厳しいものでしたが、無茶な依頼と格闘したことで自分の限界を広げることができたと振り返っています。

仕事でも無理難題を押し付けられることが少なくありません。中には苦手なこと、無理なこともあるかもしれません。

しかし、そこで逃げることはせっかくの「やればできる」可能性を自分で潰しているのと同じことです。成長するためには「誰でも、何でも、成し遂げることができる」と信じて挑戦してみることです。

きっとあなたは「できる」はずなのです。

アドラーの名言

**誰でも、何でも、成し遂げることができる。**

# 第2話

「自分にできるのはここまでだな」
と思えたなら、
「もう少しできる」自分を信じて
あと少しだけ努力してみよう。

人が成長し続けていくうえで気をつけたいことの1つが「自分で自分に限界を引く」ことです。

人は幼い頃からいろいろなことに挑戦する中で、「これは自分には向いていないな」「これはどうも好きになれない」と気づいたり、「これはやってもうまくいきそうにないな」と感じて、「やめる」という決断をすることがあります。

あるいは、周りの大人たちが「才能はないな」「無理だろう」とやめるようにアドバイスすることもあります。

もちろん中には正しい決断やアドバイスもあるわけですが、こうした「撤退」を何度も繰り返すうちに、ほんの少しの困難に直面しただけで、自分で勝手に「自分は所詮こんなもの」と思い込み、自分で自分の限界を決めて、それ以上を目指さなくなってしまうというケースも出てきます。

これではせっかくの挑戦がそこで止まってしまいます。

プロ野球の名監督だった野村克也さんによると、伸び悩んでいる選手のほとんどが「自分はこれで精一杯だ」「自分の力はこれまでだ」という勝手な「自己限定」をしているといいます。

その限界に根拠があればまだしも、実際にはちょっと壁にぶつかって「自分はこんなものだ」と諦めて、それ以上の能力があるかどうかに挑戦しようともしなくなってしまうというのです。

自分で勝手に「でも、ここまでそれなりに頑張ってきたよ」と自分で自分を納得させ、妥協し、「今の自分」に「これでよしとしよう」と言い訳をしてしまいます。

これが野村さんの言う「いわれなき自己限定」です。

力の衰えた、「もう限界だな」と言われた選手を何人も復活させることで、「野村再生工場」とも評された野村さんが試みたのは、こうした選手に自信を持たせ、持っている能力をもう一歩引き出すことでした。

たとえば、かつてのスピードボールが投げられなくなった投手には、コントロールの大切さを教えることで新たな能力を引き出せば、投手として「もうここまで」のはずが、息の長い投手に変わることができます。

パワーだけで戦ってきたかつての強打者に、相手の配球を読むことや駆け引きする力をつけさせることで、かつて以上の素晴らしい打者として再生します。

いずれも「もうこれまでだな」と自分で自分に限界を引いていたとしたら、決して実現しなかった姿です。

大切なのはアドラーが言うように「たいていの人は今よりも遠くに行くことができる」と本気で信じることができるかどうかです。

仕事でもちょっと難しい課題にぶつかるとすぐに諦めてしまう人がいますが、そこで諦めることなく「あと少し」頑張ることで壁は突破できることもあるのです。

自分で自分に限界をつくってしまうと、まだ余力があり、可能性があるにもかかわらず、「その先」へ行けなくなってしまいます。反対に、「もっと行けるはずだ」と信じれば、努力もできるし、実際にもっと遠くへ行くことができるのです。

「もう無理」と感じたら、「あとちょっとだけ」粘ってみてはいかがでしょうか。案外、壁は超えられるものなのです。たいていの人は、今の自分が「ここまでだ」と決めつけている限界よりも「もう少し先へ」いくことができるのです。

アドラーの名言

**私たちは人の限界を知りません。たいていの人は今よりも遠くに行くことができることを確信している。**

# 第3話

評価は固定したものではなく、
努力次第で変えていくことができる。
自分を信じて、飛躍の時まで諦めるな。

あるお笑い芸人がこんな話をしていました。

「島の中学では自分より野球のうまい人間はいなかったが、高校の野球部に入ると自分が一番下手だった」

狭い世界の優等生が広い世界に行って驚くのは、自分の力のなさであり、「上には上がいる」という厳しい現実です。

そんな現実を前に「もう勝てないのではないか」「絶対に追いつけるはずがない」という弱気に陥ると、人はあっという間に負のスパイラルに陥ってしまいます。やがては努力や頑張りを否定し放棄するようになるのです。

こうした考え方にアドラーははっきり「ノー」と言っています。

たとえば数学で遅れをとっている子どもがわずかの期間で遅れを取り戻すのは難しいというのは事実ですが、普通の子、つまり勇気のある子どもなら諦めることなく努力を続けることで必ずいつかは遅れを取り戻せるとアドラーは確信していました。

「大きな困難は、自分を過小評価するということです。『もう追いつくことはできない』と信じるのです。これは本当ではありません、実際追いつけるからです」がアドラーからの言葉です。

アドラーによると、子どもには非常に優れた判断力があり、誰が勉強ができるのか。誰がスポーツが上手なのか、誰が音楽や絵の才能があるのかということをよく知っています。お互いを非常によく評価することができます。

問題はその評価がある種の固定観念になってしまい、決して進歩せず、いつもその場に踏みとどまってしまうことです。これは才能の問題というよりも、「心理的惰性」であり、子どもたちは何度か試練にあった結果として、自ら制限を課し、「自分はがんばれば何でもできる」という楽観的な考え方をやめてしまうからです。

その結果が、学校で勉強のできる子はずっと勉強のできる子であるし、できない子はそのままできない子であり続けるのです。

アドラーはここに間違いがあると指摘しています。

子どもたちに教えるべきは、このような判断の誤りです。今の評価は固定したものではなく、努力次第で人はいろんなことができるようになるし、いろいろなことを成し遂げるだけの可能性を秘めているのです。

同様のことを伊藤忠商事の元社長・丹羽宇一郎さんはこう表現しています。

「サラリーマンの実力は、同じペースで伸びるのではなく、努力を続けて、ある日、飛躍するものなんです。社長の目から見ると、目立たなかった人材がある時から急に伸びるケースがよくあります。サラリーマンは、飛躍の日まで絶対に諦めてはいけません」

学校でもそうですが、就職した時も人は周りを見て、誰ができるのか、できないのかを知り、自分の今の実力を知ることになりますが、本来、その違いは決して変わることのない固定されたものではなく、努力やがんばり、工夫によっていかようにでも変えていくことができるものなのです。

大切なのは「今の自分」だけを見て、「未来の自分」を諦めてしまわないことです。

学校の成績だけで将来のすべてが決まるわけではないし、「今できない」からといって、「ずっとできない」わけではありません。人生は長いのです。今は「まだまだ」でも、自分を信じて努力を続けていれば絶対に飛躍の時が来るのです。

そのためにも自分を過小評価することなく、自分の可能性を信じることが必要なのです。

アドラーの名言

大きな困難は、自分を過小評価するということです。『もう追いつくことはできない』と信じるのです。これは本当ではありません。

# 第4話

「自分に価値がある」と思える
からこそ課題に挑戦できる。
周りがどうあれ、
自分で自分の価値を信じよう。

人が人生の課題を回避しようとするのはどんな時でしょうか。

もちろん課題そのものがあまりに困難で、「自分には無理だ」としり込みしてしまうこともありますが、それ以上に、「自分には価値がないので、課題に直面する勇気を持てない」と思っているケースも多いというのがアドラーの考えです。

アドラーがある少年のケースを紹介しています。

彼は小学校の成績も悪く、周りからは怠惰とみなされ、級友ともうまくやっていくことができず、いつもからかわれていました。

単なるできの悪い、バカな子どもなのでしょうか。

周りはそう思い込んでいましたが、アドラーが調べると、違う理由が浮かび上がってきました。

少年は強い劣等コンプレックスに苦しんでいることが分かったのです。

少年には非常にできのいい兄がいて、少年は母親や兄からいつも「バカ」と言われていました。兄弟や姉妹間の比較というのは、「温かい家庭」という逃げ道がないだけに、級友たちとの比較以上にこたえるものです。

本来は「味方」であるはずの親や兄弟から「バカ」と言われ続けたことで、少年は「自分には価値がない」と信じ込むようになってしまったのです。子どもにとって最も大切な勇気がくじかれたのです。

しかし、少年は本当にダメな子どもではありませんでした。

周囲は「劣っている」と見ていましたが、足りないのは自信だけであり、自信さえ回復することができればすぐに級友と同じくらいやり遂げる力を秘めているというのがアドラーの見方でした。

アドラーによると、「自分に価値があると思う時にだけ、勇気を持てる」のです。勇気があればこそ、人は難しい課題にも挑むことができるのです。

これは1人の少年の例ですが、世の中には少年に限らず、自分に自信が持てないでいる人がたくさんいます。

若いお母さんたちが自信を持てないのは、子育てや仕事にがんばっているにもかかわらず、夫からは「ありがとう」を言われず、仕事先の上司やお客さまからも「ありがとう」を言われない時です。

こんな日々が続くと、誰だって「自分は何のためにがんばっているんだろう」と思い、自信をなくしてしまいます。

そんな時に試みたいのが「今日１日やったこと」をノートに書くことです。

若いビジネスパーソンもそうですが、自分に自信が持てない時には、「最悪の１日だった」「いいことなんて何もなかった」とソファに寝転がってぼやくのではなく、「今日１日、自分は何をやったのか」をノートに書いてみることです。

すると、「何もなかった」はずの１日でも案外たくさんの仕事をこなし、たくさんのことをやっていることが分かります。

そして、それを見れば、「自分も案外がんばっているな」「自分って案外すごいな」と思えてくるはずです。毎日、自分で自分のことをほめてみることです。

そうやって、自分で自分の価値を信じることができるようになると、自ずと自信が湧いてくるものです。

少し照れくさくても、自分で自分を認め、ほめることが大切なのです。

アドラーの名言

**自分に価値があると思う時にだけ、勇気を持てる。**

# 第5話

他人との比較で落ち込むな。
昨日の自分と比較して
どれだけ上手になったか、
成長できたかを大切にしよう。

自分に自信が持てないのはなぜでしょうか。

私たちは子どもの頃から自分と他人を比べて、落ち込んだり、優越感を持ったりすることを繰り返します。あるいは、自分では意識していなかったのに、親や学校の先生による「格付け」によって「他人との差」を意識させられることもあります。

その過程で自信を持つことよりも落ち込むことの方がしばしばです。

第５回ＷＢＣにおいて、日本代表は３回目の世界一に輝きましたが、その時、大リーグでも活躍する大谷翔平選手のフリーバッティングの凄まじさを見せられた日本選手の中には、圧倒的なパワーの差に「野球選手をやめたくなった」と自虐的なコメントをした人もいました。もちろん本心からではないのでしょうが、日本を代表するプロ野球選手でさえ、劣等感を感じ、心が折れそうになることもあるのです。

ましてやごく普通の人はなおさらです。すべてに自信満々の人は少なく、ほとんどの人は何らかの劣等感を持っています。しかし、劣等感は決して病気ではありません。

それどころか努力と成長への刺激であるとアドラーは言っています。

劣等感が病的になるのは、落ち込んでしまい、成長が阻害される時です。あるいは、人より優れていないのにもかかわらず、優れているふりをして、劣等感を無理やり補償しようとする時です。

だから、やたらに他人と自分を比べたり、他人からの評価を気にかけたりするのは、有益なことではありません。

人からよく言われれば喜び、人から悪く言われると悲しむ。そんな「他人の評価」や「他人との比較」を繰り返しているだけでは、人として成長することはできません。まして自分を信じ、自分に自信を持つことなど望むべくもありません。

「切磋琢磨」というように、良きライバルの存在は成長への大きな励みになりますが、その一方で他の人が自分より優っていると知り、「どうせ努力してもムダなんだ」「どんなにがんばっても勝てっこないや」と努力することをやめてしまうのは大いに問題です。

こうしたことを繰り返していてはどんな課題だって達成するのは不可能です。

アドラーは子どもたちを励ます時、水泳を例に出して、最初は誰でも泳ぐのは大変で、泳ぎを覚えるには時間がかかったはずだとして、こう言っています。

「最初は泳ぐのが大変だったことを覚えているだろうか？　今のように泳げるようになるまでには時間がかかったと思う。何でも最初は大変だ。でも、しばらくするとうまくできるようになる。集中し、忍耐し、何でもいつもお母さんがしてくれると期待してはいけない。他の人が君より上手だからといって心配してはいけない」

他の人が自分より上手かどうかは実は自分には関係ありません。他の人と比べるのではなく、自分自身があと少しの努力をして上手になればいいだけのことなのです。

人の価値は他の人からの評価だけで決まるわけではありません。

何より大切なのは他の人の評価や、他の人との比較にとらわれることなく、目の前にある課題に全力で取り組むという姿勢なのです。

たいていの子どもは最初は泳ぎに苦労しますが、やがて泳げるようになります。成功することで勇気づけられ、チャンピオンになっていくのです。

「他の人が自分よりうまい」と認めるのは時に辛いものですが、大切なのは「落ち込む」ことではなく、自分自身が「昨日の自分より少しでもうまくなる」ことなのです。その繰り返しが自分を成長させ、自信へとつながっていくのです。

アドラーの名言

他の人が君より上手だからといって心配してはいけない。

# 第6話

正しい努力、適切な訓練を
積み重ねることで
たいていのことはできるようになる。
自己肯定感はその過程で
育まれることになる。

アドラーの心理学の特徴は、人間の持つ可能性を無限に信頼するところにあります。

親は、どうしても自分の子どもと同い年の子どもを比べて一喜一憂してしまうところがあります。

よその子の様子を見ながら、「うちの子の方がいろいろなことができる」と喜ぶ親もいれば、「うちの子はよその子に比べて成長が遅れているのではないか」と不安になり、思い悩む人もいます。

なかにはそれが行き過ぎて自分の子育てが間違っているのではと自分を責める親もいれば、「うちの子はダメなのか」と自分の子どもの可能性を疑う親もいます。

ある幼児教育の専門家は、ある時期、自分の子どもの「百ます計算」が遅いことに大いに悩んだと言います。

長男は早い時期に「百ます計算」を１分以内でできるようになったのに対し、次男はいつまでたってもできませんでした。

最初は「自分の教え方が悪いのか」「この子のできが悪いのか」と悩みましたが、ある日、次男は本来左利きなのに、文字を書く時は右手に直そうと、右手で文字を書かせていることに思い当たりました。

そこで、「1から100までの数字を雑でいいから右手で60秒で書けるようにして」と伝え、訓練したところしばらくして数字だけなら60秒で書けるようになりました。まさに訓練の賜物です。

そこで、「数字を60秒で書けるんだから、計算だって60秒を切れるよ」と励ましたところ、「百ます計算」もあっという間に1分以内でできるようになったのです。

原因は「自分の教え方が悪い」からでもなければ、「子どものできが悪い」からでもありませんでした。単に「適切な訓練」の不足だったのです。

まさにアドラーの「適切な訓練が続けられれば、他の人ができることは何でも成し遂げられるようになる」という言葉通りでした。アドラーはこうも言っています。

「よく訓練されたり教育を受けていない子どもたちも、教師が方法を理解させることができれば、よい成果をあげる」

人はたいていのことは訓練すればできるようになります。但し、訓練のやり方が間違っていたり、訓練を続ける忍耐力に欠けているとそうはいきません。間違った訓練をどれほど続けたとしても、期待通りの成果が出ることはありませんし、「すぐに成果が出ないから」と訓練をやめてしまうようでは、永久に成果は出ません。

「１万時間の法則」という言葉を聞いたことのある人は多いと思います。たいていのことは１万時間の練習をすれば、プロやそれに準ずるレベルにまで能力を高めることができるという法則のことです。

１万時間を長いと感じるか、短いと感じるかは人によって違いがあると思いますが、大切なのは、たとえ今置かれている状況は違っていても、訓練や努力次第でたいていのことはできるようになるということです。

もちろん個人差はありますし、努力の仕方が間違っていたとしたら、やり続けても意味はありませんが、正しい努力、適切な訓練を続けることができれば、あとは「どれだけの時間を努力や訓練に費やすことができるか」なのです。自信や自己肯定感は魔法のようにして手に入るものではありません。長い時間をかけて根気よく正しい努力を積み重ねる中で自然と育まれるものなのです。

アドラーの
名言

**適切な訓練が続けられれば、他の人ができることは何でも成し遂げられるようになる。**

# 第 2 章

# 「変わり続ける勇気」を持とう

# 第7話

「このままではダメだ」
と感じたなら
思い切って自分を変えればいい。
人はいつだって、いくつになっても
変わることができる。

人生をよりよく生きたいと願うなら、是非とも覚えておきたいのが次の考え方です。

「人はいくつになっても、いつだって変わることができる」

アドラー心理学によると子どものライフスタイルは通常10歳頃までに決定され、あとの人生ではそれを長く持ち続け、ライフスタイルに沿った生き方をすることになります。

ところが、なかにはどの年齢かはともかく、自らのライフスタイルがうまく機能しなくなったり、意図とは逆の結果を招くようになることもあります。

アドラーがある成功した科学者の例を挙げています。

科学者は20代で成功を収めたものの、やがて孤独で気持ちが沈んでいくのに気づきました。科学者は孤独な知的作業を通じて複雑なプロジェクトに不眠不休で取り組むことで成功を手にしましたが、友人や恋人をつくることができず、ある時から憂鬱な気分になっていました。

望んでいた成果を手にしたものの、自分の人生には足りないものがあるということに気づいたのです。

より充実した人生のためには大きな転換が必要でした。

生き方を変えるのは簡単なことではありません。

しかし、「我々は必要な時に子どもの頃の人生戦略の誤りに気づき、それを変えることで成長できる」というのがアドラーの考え方です。

ライフスタイルは遺伝によって決まったわけではなく、ある時期に自分が決めたものです。もし「このままではダメだ」と気づいたなら、「今、変えればいい」というのがアドラーの考え方です。

今の若いビジネスパーソンにとってマネジャーへの昇進はかつてほど望まれるものではないようですが、それでも会社で働く以上、自分のやりたいことをやるためにもある程度の昇進はした方がいいはずです。

しかし、現実には昇進というのは会社にとっても、昇進した人間にとっても時に厄介なものとなります。

いろいろな国でコンサルタントをする中で、ドラッカーが気づいたのが「人材の最大の浪費は、昇進人事の失敗である」という事実です。実は昇進し、新しい仕事を任された「有能な人」で、本当に成功する人は少なく、かといって無惨な失敗をするわけではなく、大半の人は「期待したほどではなかったなあ」という評価なのです。

なぜある部署で、5年、10年と成果をあげてきた有能な人たちが、昇進によって「凡人」

と化すのでしょうか？

理由は、新しい任務に就いても、以前と同じ仕事のやり方をするからです。人も企業も過去に自分に成功をもたらしてくれたやり方を捨て去るのは難しいものです。しかし、時代が変わり、求められる役目が変われば、同じやり方を続けるだけではじり貧になったり、がんばりが空回りすることになってしまいます。

こんな時、どうすればいいのでしょうか？

アドラーが言うように「誤りに気づいたら、今、変えればいい」のです。壁にぶつかったら、「今の自分に必要なことは何か」を問い、新しいやり方や考え方を学び、「新しい自分」をつくり上げることです。人は何度でも変わることができるし、そうすれば人は何度でも成功できるのです。

アドラーの名言

我々は必要な時に子どもの頃の人生戦略の誤りに気づき、それを変えることで成長できる。

# 第8話

変化を恐れることなく、
変化を迎え撃つつもりで
生きてみよう。そうすれば
自分自身も変わることができるし、
人生を楽しむこともできる。

アドラーは、精神分析の創始者であるジークムント・フロイトと一時期接近し、ほどなくして対立して別れています。

フロイトが心の苦しみの原因を過去に求めるのに対し、アドラーはあくまでも未来志向の目的論の立場に立っていました。

フロイトが重視する性的欲求よりも劣等感を基礎にするのがアドラーでした。

１９０７年には個人心理学の基礎となる『器官劣等性の研究』を出版、１９１１年にフロイトと決別した後、「自由精神分析協会」を設立し、翌年に主著『人はなぜ神経症になるのか』を出し、徐々に名声を高めていきます。

第一次世界大戦で荒廃した祖国オーストリアでも活躍しますが、既に名声は米国に達しており、１９２６年に講演旅行で初渡米します。

その直前、アドラーは船が転覆するという何とも不吉な夢を見ますが、夢の結末は必死に泳いで陸地にたどり着くというものでした。

当時、歴史ある欧州人にはアメリカは異質な場所であり、軽蔑や敵意を抱く人も少なくありませんでしたが、この夢が示しているようにアドラーは渡米への強い意志を持ち楽しみにしていました。

フロイトはアドラーとはあまりに対照的でした。

フロイトが「アメリカに対して反感を持ち」、講演でもドイツ語で通しているのに対し、アドラーは「人が依然浴槽の中で泳ぎ、人生は制限されており、機会はほとんどない」ヨーロッパに比べ、アメリカは「海のようだ。人は成長するための無限の可能性を持っている」として楽観的で好ましい態度をとっていました。

講演もドイツ語ではなく英語で行っています。

そこにあったのはアドラー流の「やろうとしたら何でもできる」という思いでしたが、アメリカでの講演に招待された時、アドラーは既に60歳近い年齢でした。

そんなアドラーにとって新しい言葉を学ぶというのは大変な挑戦でした。

アメリカという「野心を刺激するものは大きいが、競争もまた非常に激しい」という文化への不安もありました。

それでもアドラーは決して「英語での講演という課題」から逃げることはなく、1926年、アメリカへと向かう船の中でたくさんの時間を英語の練習に費やすことで「なまりのある英語」ながら講演できるだけの英語力を身に付けています。アドラーは言います。

「人生のチャレンジが無尽蔵であることは、我々にとって幸運である」と。

今という時代は変化が激しく、明日何が起こるかを予測するのはとても難しいわけですが、こうした変化に対して「変化を迎え撃つ」かのように、日々の変化を楽しむ人もいれば、「昨日と同じ今日」を望み、「今日も何もなくて良かったね」と変化のない日常に安堵する人もいます。

アドラーは明日、そして未来が予測できない不確実なものだからこそ人は人生に関心を持ち、科学や芸術も意味を持つと考えていました。

もしあらゆることが前もって計算され、明日になっても予想もしなかったことが起きることはなく、宇宙は「二度話された物語」にすぎなくなれば、「人生はきっとつまらないものになってしまう」というのがアドラーの考え方でした。

確実なものはなく、絶えず変化するからこそ人生は生きるに値するし、次々と訪れる新たな課題を解決しようと努力することもできるのです。

アドラーの名言

**人生のチャレンジが無尽蔵であることは、我々にとって幸運である。**

# 第9話

過去の経験を変えることは
できませんが、その意味付けを
変えることはできます。
それだけで人は変わることが
できるのです。

同じ経験をしても、そのとらえ方は人によって違うし、その時の状況によっても大きく変わってきます。

たとえば、「あばたもえくぼ」と言う通り、好意を抱くと、相手のすべてが好ましく思えてくるのに対し、一旦、悪意や敵意を抱いてしまうと、「坊主憎けりゃ袈裟まで憎い」となり、かつてはよく見えていたはずのものまで嫌いになり、相手のやることなすことすべてが嫌になるものです。

これは過去の経験についても同じことが言えます。

たとえば子ども時代の不幸な経験に対し、「人生は不公平だ。だから何もかもうまくいかないんだ」と言い訳に使う人もいます。

極端な場合、「自分は不幸な子ども時代を送ったんだから社会に対して復讐してやる」と自暴自棄になる人もいるかもしれません。

その経験を聞いて、「無理もないよな」とつい同情してしまうこともありますが、では、不幸な子ども時代を送った人がみんな同じような生き方をするのかというと、決してそうではありません。

日本一のカレーチェーン店「CoCo壱番屋」の創業者・宗次徳二さんは生後間もなく孤児

院に預けられ、3歳の時に宗次夫婦の養子になっています。

ところが、養父が無類のギャンブル好きだったため、養母は家出、養父との生活は電気や水道も止められ、食べるものにも困るほど困窮しています。

15歳で養父が亡くなり、養母と暮らすようになり、ようやく「電気のある生活」を経験します。高校もアルバイトをしながら卒業します。

これほどの経験をすれば、世の中をすねたり、恨んでも不思議はありませんが、宗次さんにとってそこに至る経験は「朝から晩まで汗を流して働くことに何の抵抗もない人間に育ててくれた」という感謝に変わったことで、その後の成功につなげています。

「子ども時代の不幸な経験」を、ある人は人生がうまくいかないことの言い訳に使うのに対し、別のある人は「忍耐することを学んだ。がんばることの大切さを教えてくれた」と前向きに捉えます。

このように自分が経験したことをどう解釈するかは人によってさまざまですが、大切なのはアドラーが言うように「いかなる経験も、それ自体では成功の原因でも失敗でもない」と考えることです。

アドラーによると、人は自分の経験によって決定されるのではなく、経験の中から自分の目的に適うものを見つけ出すところがあります。

子ども時代の不幸をある人は「努力」に結びつけるのに対し、別の人は「怠ける」口実に使うのです。

「同じ経験＝同じ未来」があるわけではなく、同じような経験をしながらも、人はその経験を自分なりに意味づけをして、そして自分の手で自分の未来を切り開いていくことができるのです。

人は過去にさまざまな経験をして、その中には嫌な経験もあれば、二度と思い出したくない経験や、とても幸福だった経験もしているはずです。

過去の経験を変えることはできませんが、その先にはただ一つの未来しかないわけではありません。

未来は自らの選択次第で変えることができるのです。

アドラーの名言

**いかなる経験も、それ自体では成功の原因でも失敗の原因でもない。**

# 第10話

過去に安住したり、
言い訳するのはやめにしよう。
進歩を目指して努力することで
人は変わることができる。

アドラーの心理学の特徴は「過去」ではなく、これから訪れる「未来」に目を向けるところにあります。

精神科医やカウンセラーの中には、相談者が抱える生きづらさや困難の原因を「過去」に求めようとする人がいます。

過去に今起きていることの原因を探し、それまで気づかなかったり、あまり気にもとめていなかった出来事を思い出させて、「今あなたは苦しんでいるけれども、悪いのはあなたのせいではない。過去の辛い体験のせいですよ」と言えば、「今の自分」を責めていた相談者の気持ちを楽にすることができるのはたしかです。

しかし、アドラーによると、過去の出来事を持ち出すだけでは、今抱えている課題の解決にはなりません。

仮に過去の出来事が今の困難の原因だとしても、過去に遡って人生をやり直すことはできません。

自分に責任がないと分かることで気持ちは楽になるかもしれませんが、目の前にある課題が解決したわけではないというのが厳しいけれども、現実なのです。

今をより良いものに変えていくためには、「今の自分」を変えていく他ないのです。

そのためには、これから何ができるかを考え、少しでも課題を前に進める方がいいのではないか、というのがアドラーの考え方です。こう言っています。

「進歩を目指して努力する方が、過去の楽園を探すよりもいいことだ」

アドラーはどんな人に対しても、「未来は変えられる」「自分の意志で変わることができる」ということを強調しています。

人生において大きな失敗をして、「ああ、もうダメだ。これじゃあ、この先に希望なんか持てないよ」と、絶望的な気持ちになることがあるのはたしかです。

あるいは、コロナ禍のように「先の見えない不安」から自分の将来についても悲観的にしか考えられないこともあります。

アドラーはこうした未来や将来に対する「陰鬱な予言」を嫌っていました。

ある時、統合失調症の少女の診察を行なった精神科医が、少女の両親に「回復の見込みがない」と言ったところ、アドラーはその医師にこう尋ねました。

「いいかい、聞きたまえ。どうして我々にそんなことが言えるだろう。これから何が起こるかを、どうして知ることができるだろう」

これまでに多くの患者を診てきた医師の言葉は経験からの言葉だったのでしょうが、こうした「陰鬱な予言」は、アドラーの持つ患者に対する優れたケアの感覚とは相いれないものでした。

アドラーは結婚して間もなく、念願だった診療所を開業、内科医として多くの患者を診察しています。

その過程で、遊園地のサーカス団で働く芸人の多くが、幼い頃に生まれつきの虚弱さに苦しみながら、その後、努力して運動能力を磨き、虚弱さを見事に克服していることを知りました。

それはアドラーの子ども時代の経験とも通じるものであり、そんなアドラーから見れば、未来は決まりきったものではなく、自ら変えていくことができるものだったのです。「過去」に安住することなく、進歩を目指して努力することで、「未来」は今よりもより良いものに変えていくことができるのです。

アドラーの名言

**進歩を目指して努力する方が、過去の楽園を探すよりもいいことだ。**

# 第11話

タイプを知るのは面白い。
しかし、タイプに縛られると成長が止まる。
タイプに逃げ込まず、成長のためには
タイプを変えることをためらうな。

私たちはよく、人間をタイプ分けします。血液型や星座がそうです。心理学でも、たとえば体型で分類したり、1枚の絵から何を連想するかを答えてもらって「あなたは○○ですね」と分けたりします。

しかし、その選択肢は決して多くはありません。星座なら12種類、絵などの選択肢はせいぜい数枚です。

たったこれだけで80億人もの人類を分類するには無理があるだろうというものですが、それでもこうしたタイプ分けが使い続けられているところを見ると、性格や相性を知りたい欲求はそれだけ強いということなのでしょう。

性格などに限らず、国民性や県民性についても似たようなタイプ分けがしばしば行なわれています。「中国人ってこうだよね」「韓国人ってこうなんだ」と訳知り顔で語る人に限って中国や韓国に行ったことがなかったり、個々人を知らないというのはよくあることです。

国民性や県民性もそうですが、人をタイプ分けするというのは理解を早め、「分かったような」気にしてくれますが、現実には分かったような気になることと、一人一人を理解することの間には大きな違いがあるようです。

アドラーもタイプ分けを行なってはいましたが、絶対のものと考えることはありませんでした。こう言っています。

「タイプは利用できる。それどころか利用しなければならない。しかし、似たものの場合でさえ、他ならぬこの人は違うということを忘れてはならない」

「同じ家族の中に生まれた子どもであっても、2人の子どもが同じ状況に育つということはない」以上、生まれも育ちも、ものの見方や考え方も違う人たちがいくつかのタイプにぴったり当てはまるとは考えられません。

にもかかわらず、タイプを知ることですべてを「分かった」気になると大きな間違いを犯します。人を理解するための大前提はタイプでくるのではなく、一人一人の違いを知り人間として尊重することなのです。

アドラー心理学は「個人心理学」と呼ぶように一人一人にスポットを当てるものです。個人心理学は、まさに個人の独自性にスポットを当てるものです。

独自性は、もって生まれた性格や資質だけではなく、他者との関りを通して生まれます。他者との関りの中でどのように考え、どう行動するかの違いが独自性になります。

だから、性格を一般的なタイプに当てはめても意味はありません。

大切なのは、タイプを変える必要があることを知り、タイプに逃げ込むことなく課題に挑戦することです。

日本人の好きな血液型占いでも「いかにもB型」の人もいれば、「ちっともB型らしくない」人もいるように、「B型」だからと「B型らしく」生きる必要はありません。

ましてやタイプ分けを「私は一人っ子だから○○は苦手なんだ」、「僕はB型なので○○ができないのは仕方ないよね」といった「できない言い訳」に使うほど愚かなことはありません。それでは、タイプ分けはかえって有害になってしまいます。

自分のタイプを知ったからといって、タイプに合わせて生きる必要はないし、誰かを無理にタイプに押し込める必要もありません。重要なのはタイプを知ることではなく、成長していくためにはタイプを変える必要があることを知り、タイプに逃げ込むことなく課題に挑戦することです。人は安易にレッテルを貼りたがりますが、人間はそれほど単純ではないからこそ面白いのです。

アドラーの名言

タイプ分けは利用できる。それどころか利用しなければならない。しかし、似たものの場合でさえ、他ならぬこの人は違うということを忘れてはならない。

# 第12話

遺伝や家系にこだわるな。
自分らしく生きることで
家族に伝統を与える
「1人の非常に有能な人」になればいい。

勉強のできる友人と自分を比べて「彼の家は頭のいい家系だから勉強ができるのは当然だけど、それに比べてうちなんか」と友人の出来の良さと自分の出来の悪さを家系のせいにする人がいます。

たしかにある家族や家系が、多くの有能な人材を輩出することがあるのは事実です。たとえば、一族の多くが名門大学に進んでいることもあれば、一族の大半が医者ということもあります。

ほかにも「アスリート一家」や「音楽家の家系」もあります。

こうした華やかな経歴を見せられると、自分の周りを見て、「それに引き替えうちの親も兄弟も親戚も」と嘆きたくなるのも分からないではありません。

但し、これは「遺伝の力」ではないようです。

アドラーは、それを「伝統の力」だと断言しています。

そして、「１人の非常に有能な人によって家族に与えられる伝統は、遺伝の働きと似た効果を持っている」と、家系の謎を解き明かしています。１人の有能な人間は、生き方や成功のノウハウといった多くの面で周囲に強い影響を与えます。

成功した１人が「良きロールモデル」となることで、家族や周囲の親戚たちに良い影響を与え、子孫に有能な人たちが出てくるというのは十分あり得ることです。

しかし、これは「遺伝」ではありません。

相対性理論で知られるアインシュタインは紛れもなく「科学の天才」ですが、ある人から「両親のどちらから科学的才能を受け継いだのか」と尋ねられた時に、「私は特別な才能など持っていません。ただ、極端に好奇心が強いだけです。ですから、遺伝のことは問題になりません」と言い切っています。

たしかにアインシュタインの家系に特別な科学的才能を持つ人はいません。

それどころか父親は事業に失敗してばかりでしたし、アインシュタインの学びや研究に何らかの影響を与えることさえありませんでした。

唯一考えられるのはアインシュタインには子どもの頃から「圧倒的な好奇心」と「強い独立心」があり、それが世紀の発見につながったということでしょうか。

それでも「遺伝の力」を信じる人がいるとすれば、アドラーの次の言葉が決め手になるのではないでしょうか。

「5代遡れば、64人の先祖がいます。そして、この64人の先祖の中に子孫の能力を帰することができる賢い人を必ず見つけることができるのです」

たしかにアドラーが言うように「５代遡れば、64人の先祖がいる」し、「10代遡ると、先祖は４０９６人いる」ことになります。

これほど遡れば、本人の才能をうかがわせる人もいるかもしれませんが、それ以外の人は関係ないとすれば、才能の由来を「遺伝」に求めるのは難しくなってしまいます。

『成りあがり』で知られる歌手の矢沢永吉さんは子ども時代、貧乏のどん底を味わっていますが、そこから音楽の力で成り上がることで今の地位を築いています。矢沢さん自身、「うちは裕福だからとうそぶいている人だって、そのご先祖の誰かが成り上がったんですよ」と言っているように、どんなに栄華を極めている一族だって先祖の誰かが矢沢さんのように「成り上がった」からこそ、今があるのです。

遺伝だ、家系だと過去に遡ってあれこれ言い募る暇があるなら、自分で成功して、家族に伝統を与える「１人の非常に有能な人」になればいいのです。

アドラーの名言

５代遡れば、64人の先祖がいます。そして、この64人の先祖の中に子孫の能力を帰することができる賢い人を必ず見つけることができるのです。

## 第3章

# 「まず自分が動く」からすべてが始まる

# 第13話

新しいこと、面倒なことをやるのは
誰でも嫌なものだが、だからこそ
「とにかくやり始めて」みよう。
やり始めれば、続けることができる。

仕事でも勉強でもそうですが、やるべきことがあるにもかかわらず、どうにもやる気が出ないことがあります。ついやらなくてもいいことに時間を使って、肝心のやるべきことに手をつけずにいるうちに、時間だけが過ぎてしまい、「あーあ、結局、何もできなかった」と自分にがっかりしたことはないでしょうか？

「ダメな自分」を思い知らされる瞬間です。

では、やる気の出ない時にやる気を出すにはどうすればいいのでしょうか？

脳科学の専門家の答えは、「やる気を出すには、とにかくやり始めればいい」です。

脳というのは「今、していること」を続けようとする傾向があるため、最初は面倒でもとにかくパソコンに向かって指を動かしていると、面倒だったことも続けられるようになるだけに、「まずやり始める」ことがとても大切なのです。

そうこうしているうちに「やってみると意外にできた」となり、それがある種の成功体験として蓄積されていくことになるのです。大切なのは「まずやってみる」「まず行動する」ことなのですが、世の中には口では立派なことを言うのにそれが実行という形で表れない人が少なくありません。

このような人たちは「私は私の問題をすべて解決したくてたまらない。でも不幸なことにそうすることを妨げられている」と心で言い訳をしているというのがアドラーの見方です。「でも」という言葉には注意が必要です。

「この仕事をやります、でも」「あの人と闘います、でも」と言う時の「でも」は、大きな劣等感の表れです。そういう時、たいていの人は物事を成し遂げられません。

なぜなら、共同体感覚の大切さや人生の課題に対処する必要性は理解しているものの、心の中ではいつも「解決したい。でも、そうすることを妨げられている」と言い訳をしているからです。アドラーはこうも言っています。

「神経質な人は、よい意図を持っていることを示しさえすればいいと感じている。しかし、よい意図を持っているだけでは十分ではない。我々は、社会において大切なことは実際に成し遂げていること、実際に与えていることである、ということを教えなければならない」

意図は、「行動」と結びついてこそ意味を持ちます。

「がんばって勉強してテストで100点をとるぞ」

「この企画を通して大きな成果を上げたい」

といった「意図」を持っていたとしても、それが行動につながらなければ意味がありませんし、あなたの「意図」も人に評価されることはありません。

鹿児島県に薩摩藩時代から受け継がれている「いろは御歌」があります。

島津家中興の祖と言われる島津忠良の作で、人間として社会に生きる道を説いたものです。その中に「いにしへの　道を聞きても　唱へても　わが行ひに　せずば甲斐なし」という歌があります。大意は、学問をしていくら知識を増やしても、また口で立派なことが言えるようになっても、自分の日常の行動にそれが生かされなかったら意味はない、です。

たしかに「良い意図」を持つことは立派なことですが、意図は行動と結びついてこそ意味を持ちます。人は単に考えるだけ、意図するだけでなく、行動することによってその意図を実現することが何より大切なのです。

そしてそのためには「とにかくやり始める」ことが何より大切なのです。

アドラーの名言

**よい意図を持っているだけでは十分ではない。**

# 第14話

自分では何もせず、問題を
指摘するだけの「評論家」になるな。
誰かに期待するのではなく、
自分から率先して「動き出す」人であれ。

アップルの創業者スティーブ・ジョブズは自分たちがつくり上げた製品について批判ばかりをする人たちについて、こんなことを言っていました。

「あなたはつくり上げる人間か、それとも批判するだけの人間か」

誰かがつくったものや、誰かが成し遂げたことに対して、偉そうに批判をする人がいます。言っていることはもっともらしいのですが、では、そうした人たちのうち一体どれだけの人が世界を変えるような製品をつくったり、あるいは世界に影響を与えるようなことをやったことがあるのでしょうか。

アドラーは、行動せずに批評ばかりしている「傍観者」「評論家」を嫌い、こんな例を挙げています。

老婦人が道で足を滑らせ、雪の中に落ちて、すぐに立ち上がることができませんでした。人通りは多かったにもかかわらず、誰も助けようとはしませんでした。ようやくある人が老婦人を助け起こしました。

その瞬間、どこからか１人の人間が現れ、老婦人を助けた人をこう賞賛しました。

「とうとう立派な人が現れました。私はそこに立ち、誰が老人を助けるか、私はそこで待っていたのです」

この人の行為は明らかに間違っています。

そこに倒れている老婦人がいれば、見守るのではなく、やるべきことはまずは近づいて助け起こすことです。何らかの事情があって自分にそれができないなら、近くの誰かに助けを求めるべきでしょう。

ところが、この人は自らは行動を起こすことなく、人の行動を論評することで自分の立場、自分の正しさを誇示しようとしたのです。

本来、助けの必要な人がいれば、自分がまず動くことです。他の人がどう動くかを見張っている必要はありません。

にもかかわらず、この人は頼まれもしないのに「裁判官役」を買って出て、他人に賞賛を与えています。これは見せかけの貢献であり、一種の傲慢です。

こうした傍観者的態度に対し、アドラーはこう言っています。

「誰かが始めなければならない。他の人が協力的でないとしても、それはあなたには関係ない。あなたが始めるべきだ。他の人が協力的であるかどうかなど考えることなく」

アドラーは世界が決して完璧なものではなく、悪も偏見もあることをよく知っていました。そんな現実の中で、自ら動くことを恐れる人がいることも分かっていました。

自分では動かず、誰かのやることをあれやこれやと言いつのっていれば、少なくとも誰かから批判されることはありません。

「自分は言うべきことは言っている」という満足感も覚えることができます。

しかし、そんなことをしたところで得るものはありません。

大切なのは自分で行動することであり、他人に期待することではありません。

会社などで「上司がわからず屋で」「周りが助けてくれない」などと言い訳をして、何もせず、ただ論評するだけの人になってはいけないのです。

求められているのは、問題を実際に解決することです。

そして、解決するのは「誰か」ではなく、「私」でなければならないのです。

必要なのは「させてもらえない不満を言う代わりに、してよいことを次から次へと行なう」ことです。その積み重ねがあなたの評価を高めることになるのです。

アドラーの名言

**あなたが始めるべきだ。他の人が協力的であるかどうかなど考えることなく。**

# 第15話

頭の中でいくら夢を見たところで、
その思いが実現されることはない。
言い訳をしたり、後悔するくらいなら、
「まずやってみる」を習慣にしよう。

強い虚栄心を持つ人は、何とかして自分が優れているという「酩酊《めいてい》」の中にあり続けようと、さまざまな条件を持ち出すといいます。

その１つが「実現不可能な時間への要求」です。

たとえば、「以前に一度何をしていたら」「学んでいたら」「知っていれば」「他の人が何かをしたらよかったのに」「他の人が何かをしなかったらよかったのに」といった決して実現されない要求です。あるいは、「私が男なら」「私が女なら」という、これも実現不可能な要求を持ち出すこともあります。

このような口実を持ち出して、ムダにした時間のことを考えなくてもいいように睡眠薬をつくることに満足しているのがこうした人たちの特徴だといいます。

アドラーが『イソップ寓話集』にある、こんな例を挙げています。

国ではぱっとしない五種競技の選手が海外遠征から帰り、あちこちの国で勇名を馳せ、特にロドス島ではオリンピア競技者よりもすごいジャンプをしたと大言壮語しました。

嘘だと思うなら、ロドス島の人に聞いてみればいいとも付け加えました。

すると、居合わせた１人がこう声を掛けました。

「おい、そこの兄さん、それが本当なら、証人はいらない。ここがロドスだ、さあ跳んでみろ」

本当にそれほどの実力があるのならロドス島の人に聞くまでもなく、ロドス島以外でも素晴らしいジャンプができるはずです。

証人がいないことをいいことに、「俺はロドス島ではすごいジャンプができる」と威張ったものの、それは実現不可能な口実に過ぎませんでした。

単なる虚勢に過ぎなかったのです。

こんな口実に逃げ込んではいけません。時間のムダです。

こんなことを繰り返しているうちに時間はただ過ぎ去って、何ができるかを示すチャンスは消え去ってしまいます。アドラーはこう指摘しています。

「夢を見て熟考している間に、時は過ぎ去るのである。しかし、時が過ぎてしまうと、せいぜい彼（女）には今や自分ができたことを示す良い機会はもはやないという言い訳しか残っていない」

虚栄心を満足させるほどの成果を上げる自信がない人間に限って、あれこれ言い訳をして「時が過ぎる」のを待つことになるのです。

誰かが素晴らしい製品を発明した時に、「これは自分が前から考えていたものと同じだ」

などと強がりを言う人がいます。

たしかにそうなのかもしれませんが、実際に成果を手にするのは「考えていた人」ではなく、「実際にやってみた人」です。

どれほどすぐれたアイデアを持っていたとしても、それを頭の中で考えているだけではダメで、実行に移すことで初めてアイデアは形になり、他者に先んずることができるのです。しかし、実際には多くの人が頭の中で考えることはあっても、行動に移すことはありません。そうやって夢を見て熟考している間に、時は過ぎ去り、自分が素晴らしいアイデアの持ち主であったことを証明する機会はすっかり失われてしまうのです。

自分に行動力が足りないと感じている人は、「こうしたい」と思ったら、すぐに行動してみることです。時には失敗もあるかもしれませんが、少なくとも「あの時、あれをやっておけばよかった」と後悔することや、先を越されて悔やむことはなくなるはずです。

アドラーの名言

**夢を見て熟考している間に、時は過ぎ去るのである。**

# 第16話

目標があるからこそ
歩き出すことができる。
目標があるからこそ
歩き続けることもできるのである。

第５回ＷＢＣで日本代表を優勝に導き、ＭＶＰを獲得した大谷翔平選手が高校時代に数十年にわたる人生の目標を掲げ、そのために「何をすべきか」についてさらに細かな目標や行動計画を立てていたのはよく知られています。

驚くことにそこには「27歳でＷＢＣでＭＶＰを獲得する」という目標まで書き込まれており、１年のズレはあっても、その目標を見事に達成しています。同時にこうした目標があればこそ、大谷選手はストイックなまでに自分を鍛え、技術を高めることができたのもまた事実です。

何かを成し遂げたいのなら、「まず動く」ことが大切ですが、「動く」ためには、「目指す目標」が必要で、目標があればこそ人は行動し続けることもできるのです。

人間は行為に先立って何かをしようという目標があり、その目標を実現するために考え、行動するというのがアドラーの考え方です。

たとえば夜１人で寝る子どもが泣くのは、母親の注目を引くという目標のためです。同じように我儘《わがまま》を言ったり、少し乱暴を働くのも自分への注目を集めたいという目標がそこにあるからです。

このように「何のため」という目標が分かればなぜそのような行動をとるのかを理解す

ることもできます。

目標の設定は非常に早い時期から始まります。

アドラーが人生の目標を定めたのは5歳の時です。

冬の日、友だちとアイススケートに出かけて置き去りにされたアドラーは自力で家に帰りついたものの肺炎に罹ってしまいました。

医師が「この子は助かりません」と宣告するほどの重症でしたが、幸いにも両親の手厚い看病のお陰で肺炎から回復したアドラーはこの時、「私は医師にならなければならない」と決心しています。

途中、挫折しかけたこともありますが、「目標に到達しよう」という意欲を失うことはありませんでした。

目標があったからこそ前に進むことができたアドラーはこう考えました。

「一本の線を引く時、目標を目にしていなければ、最後まで線を引くことはできない」

目標があるからこそ人は前に進むことができます。もし目標がなければどちらに進み、どのように努力すべきかも考えることができなくなるのです。

このように人が人生をどう生きるかは、遺伝や環境によって決められているわけではなく、一人一人が自分の意志で目標を定め、その目標に向かって最初の一歩を踏み出すことで決まります。

しかし、その際に共同体感覚が欠けていると、せっかくの目標が人生の有用ではない面に向かうことがあるだけに注意が肝要です。こうした人生は決して本人にとっても社会にとっても有用なものになることはありません。

アドラーは医者になりたかった理由について、「私は死と戦いたかったし、死を殺し、死をコントロールさえしたかった」と述べた後、こう付け加えています。

「医師になるという目標も、生と死の主人になりたいという神のような欲求をめぐって形作られるものである。しかし、ここでは目標は社会に奉仕することを通じて実現される」

何かを成し遂げたいなら、「まずやってみる」ことを習慣にしますが、そこに「有用な目標」が加わることで、「やり続ける」ことができるようになるのです。

アドラーの名言

一本の線を引く時、目標を目にしていなければ、最後まで線を引くことはできない。

# 第17話

行動を起こす勇気を養うためには、
周囲の勇気づけと、
日々の行動と経験で
勇気を磨くことが欠かせない。

「やる気を出すためには、まず動くこと、やり始めること」が重要になりますが、そうは言われても「じゃあ、やってみよう」という気持ちが起こらないこともあります。簡単な課題ならともかく、厄介な課題を前にすると、どうしても「やりたくない」「逃げたい」という気持ちが先に立つこともあります。

アドラーによると、人生の課題を前にして挑戦をためらうのは、十分な勇気がないからですが、では、課題に挑戦するための肝心の勇気はどうすれば身に付けることができるのでしょうか？

「勇気をもらった」という言い方があります。

勇気は本当に人からもらえるものなのでしょうか？

アドラーの答えは「ノー」です。こう明言しています。

「勇気をスプーン一杯のように与えることはできない」

「課題を前にためらう」という症状を前に、風邪薬のように「勇気」という薬を飲ませることはできません。

１９５９年から放送されたテレビアニメ『ポパイ』では普段はぱっとしない水夫のポパイがほうれん草の缶詰を食べると超人的な力を発揮、大男のブルータスをぶっ飛ばすのが毎度の落ちでしたが、残念ながら勇気をくれる「勇気の缶詰」はありません。

大切なのは本人の意思であり、「やろう」という意欲です。

そしてそのために必要なのが「勇気づけ」です。

人が人生の課題への挑戦をためらうのは、課題が困難だからという以前に、自分に価値がないと感じているからです。

自分に価値を感じるようになれば、課題に取り組む意欲は自然と湧いてきます。

アドラーは、幼い少女の例を挙げています。

少女が人形の帽子を縫っているのを見て、「素敵だね」とほめ、もっといい縫い方を提案すると、少女は勇気づけられ、もっと上手になろうと努力したり工夫したりするようになります。

反対に、少女に「危ないから針を置きなさい。人形の帽子くらい縫わなくても、買ってあげるから」と言ったとすると、少女は楽しかったはずの「帽子を縫う」ことをやめてしまいます。せっかくの勇気の芽を摘むことになります。

周囲がどんな言葉をかけるか、どんな態度で接するかで、勇気は増したり失われたりするのです。

こうした勇気づけの一方で、「人は仕事で磨かれる」という言い方があるように、勇気も社会の中で、実践を通して身に付けるものです。アドラーは言います。

「勇気が訓練されるのは社会の中においてだけである。誰も勇気について考えることによって、あるいは、グループから離れ勇敢になる決心をすることでは勇敢になることに成功することはない。勇気は実践においてだけ学ぶことができる。すべての勇気の基礎は社会的な勇気、われわれの他者との関係の中における勇気である」

仕事もそうですが、読んだだけ、聞いただけの知識や技術というのは案外役に立たないものです。実践の中で磨いてこそ知恵は役に立つものになります。

勇気もそうです。テレビや映画、マンガを見て「勇気をもらった」と叫んだところで、実際の課題を前にした時にものの役に立つことはありません。日々の行動と経験によって、勇気を磨いてこそ本当の勇気が身に付くのです。

アドラーの名言

勇気をスプーン一杯のように与えることはできない。

# 第18話

「1人だから、諦めよう」ではなく、
「1人でも、行動しよう」と考えよう。
その一歩が周りの人を動かすことになる。

「勇気は臆病と同様に伝染するものである」はアドラーの言葉です。

たしかにそうです。

人間の感情、特にリーダーの強い感情はおしなべて伝染力が強いものです。

プロ野球の名選手にして名監督として知られた野村克也さんによると、戦いには「戦力」「士気」「変化」「心理」の４つが重要で、中でも「士気」が非常に大事だといいます。特に「選手が見ている」監督の一挙手一投足には大きな意味があります。

たとえば、相手投手がストライクも満足に取れないままに四球を出したとします。味方選手全員が「とてもストライクは入らないな」と感じている時、監督が慎重になり過ぎてバントのサインを出したりすると、「ここでバントかよ」と選手はあきれ、監督への評価が下がるだけでなく、選手の士気も低下することになります。

反対にまだ勝敗が決していないにもかかわらず、チームが絶好のチャンスを迎えたことで監督が「勝ったも同然」とばかりに「油断」をしてしまうと、それが周りに伝染するのか、選手も油断してしまいせっかくの勝利のチャンスを逃すこともあるというのです。これほどにリーダーの弱気や油断は、部下にはすぐに伝わります。

これがアドラーの言う「勇気は臆病と同様に伝染するものである」という意味です。だからこそ上に立つ人間は、どんなにピンチの時でも決して悲観的になってはいけないし、好調だからとお気楽になり過ぎてもいけないのです。

ここで思い出されるのが「世界を変えたコンピュータ」と言われるマッキントッシュの開発をリードした若き日のスティーブ・ジョブズです。

ジョブズは「まだ世界に存在しないパソコンをつくって宇宙に衝撃を与えたい」という壮大な夢を描いていました。その夢は次第にチームに浸透し、共有されていきます。

そして、チームは何年間にもわたって週80〜90時間も働くようになり、夢は実現されます。

普通なら考えられないほどの激務ですが、1人の情熱が周りを巻き込み、夢を共有したことで、世界を変えるほどの成果につながったのです。

こうした伝染を経験した人は少なくありません。

ある赤字の工場で1人の管理職が毎朝、入口に立って大きな声で「おはようございます」と挨拶をしていました。

その工場は赤字に加え、社員間のコミュニケーションも悪く、何か問題があってもみんなで知恵を出すことがありませんでした。挨拶も会話もない職場を何とかしたいと考え管理職が1人で始めたのが「朝の挨拶」でした。

最初はみんな、「何やってるの」という冷ややかな目で見ていましたが、そのうちに1人、2人と挨拶を返す人が現れ、いつの間にかみんなが挨拶をするようになりました。それとともに会話も生まれ、改善も進むようになり、黒字に転換したのです。

「自分1人の力では何もできない」と行動をためらう人がいます。

確かに、1人の力には限界がありますが、「1人だから、諦めよう」と考えない方がいい。「1人だから、声をあげよう」「1人でも、行動しよう」と考えた方がいい。

「もしもわれわれがわれわれの勇気を保てば、他の人が彼ら自身の勇気を発達させるのを援助することができる」とアドラーは言っています。

大切なのは、まず自分を信じ、自分で行動を起こすことです。そんなあなたを見て周りの人はあなたを手助けしたり、協力するようになるのです。

アドラーの名言

**勇気は伝染するものである。**

# 第 4 章

# 「失敗を覚悟する」と心は軽くなる

# 第19話

不完全である勇気、失敗をする勇気、
誤っていることが明らかにされる勇気の
３つの勇気があれば、
人生の課題に対処できるし、成長できる。

「勇気」は、アドラーの心理学を特徴づける言葉の１つです。

それは「勇ましさ」というよりも、「人生のよくある問題に対処することが、いつも勇気があることである」と定義されています。アドラーは、「勇気の最も優れた表現の１つは、不完全である勇気、失敗をする勇気、誤っていることが明らかにされる勇気である」と、人生で必要な３つの勇気を挙げています。

**①不完全である勇気**

自分は失敗することもある、不完全な人間だと認めてこそ、人は行動を起こすことができます。

失敗して怒られるのが嫌だから、失敗して周りから笑われたくないから、あるいは自分は失敗などしない優れた人間だと思っていたいがために、行動を回避しようとするのは、勇気がないことになります。

初めての仕事を命じられた時、経験の浅い若い社員なら誰だって緊張し、不安になって最初の一歩を踏み出せなくなってしまうものです。

その原因は経験のなさに加えて、「失敗したくない」「完全でありたい」という願望が強すぎるからです。そんな時にはこんな言葉を思い出すといい。

「100点を目指すな、60点でいい」

これはトヨタの工場などで初めての仕事に挑む社員に上司がかける言葉です。

100点を目指すから、行動を起こすのが怖くなり、躊躇します。そうではなく、「60点でいい」と割り切ってまずはやってみます。たとえ結果は不完全であっても、そこから「もっとこうしたらどうだろう」と考えながら改善を繰り返すことで最後に100点になればそれでいいというやり方です。

これがアドラーの言う「不完全である勇気」です。

## ②失敗をする勇気

目の前の課題を避けることは「勇気がない」ことであり、課題に対処することが「勇気がある」と言われるのはなぜなのでしょうか。

理由は人生は常に成功が約束されているわけではないからです。

成功が100%約束されていれば挑戦には勇気は不要です。

しかし、なかには困難で、失敗する恐れがある課題もあります。そんな時、失敗を恐れ、他の人の評価を恐れて課題への挑戦を避けるようでは成長はありません。

大切なのは失敗を恐れることなく、挑戦することであり、失敗から多くのことを学んで成長するのが「失敗をする勇気」です。

## ③誤っていることが明らかにされる勇気

失敗をした時に最もやってはいけないのは、失敗したことを認めようとせず、失敗を周りの人たちから隠そうとすることです。その結果、小さな失敗はより大きな失敗につながり、時に取り返しのつかない事態を招くことになるのです。

それよりも失敗したことは素直に認め、なぜ失敗したのかをきちんと分析します。そうすることで失敗は成長につながり、成功をもたらすことになります。メンツを重んじて失敗を認めないのは、自分にしか関心のない人です。

このような３つの勇気を持つ人は、仕事においても良い働き手となれるし、良い友人になることもできます。人は成功からも失敗からもたくさんのことを学ぶことができます。だからこそ、人は困難な課題に挑戦することができるのです。

アドラーの名言

勇気の最も優れた表現の１つは、不完全である勇気、失敗をする勇気、誤っていることが明らかにされる勇気である。

# 第20話

挑戦には失敗はつきものであり、
失敗を恐れるばかりでは
人として成長することはできません。
失敗したら、失敗を認め、
失敗から学べばいいのです。

「不完全である勇気」が物事の達成に大切なように、「失敗をする勇気」「誤っていることを明らかにする勇気」は、自己の成長に重要な要素と言えます。

「失敗をする勇気」を持つ人の関心は、目の前の課題をいかに解決するかに向いています。失敗を恐れることなく、常に前向きでいます。

しかし、失敗をひどく恐れる人の関心は、どうしても他者からの評価や叱責に向くことになります。失敗をして悪く言われたくないという体面にとらわれるため、結果的に厄介な課題への挑戦を避けるようになります。

これでは、人としての成長は望めません。

このような人に、アドラーは次のようにアドバイスをしています。

「われわれは皆誤りを犯す。しかし重要なことは、誤りを訂正できるということである」

**失敗を恐れず、失敗から学ぶ人だけが成長できます。**

私たちは誰でも、幼い頃からさまざまな失敗を繰り返す中で学び、成長をします。むしろ最初からうまくいくことは少なく、誰もが失敗し、傷つき、その過程で新しいことを学び、身につけ、成長をするだけに、失敗を過度に恐れる必要はありません。

１９０４年、『医学界新聞』に掲載された「教育者としての医師」と題する論文でアドラーはこう主張しています。

「罰ではなくて、ほめることと報酬を選ぶべきである。そして罰を科すのであれば、子どもに誤りを教え、代わりの行動があることを伝えるべきである」

たとえば子どもが失敗をした時に大切なのは厳しい罰ではなく、失敗した後にどうするかを教えることです。

相手を傷つけたなら謝罪することを教え、やっていいこととやってはいけないことをきちんと教えます。

ものを壊したなら可能な限り原状に戻すという責任を引き受けます。

大切なのは失敗しないことではなく、失敗した時に正しい行動を取り、かつ失敗から教訓を学ぶというのがアドラーの教えでした。

失敗を前向きに捉えることで成功したのがユニクロの経営者・柳井正さんです。

柳井さんによると、「ユニクロ」というブランドが多くの人に認知されるようになったのは今から20年余り前、東京・原宿に店を出したことと、その後に訪れる空前のフリースブームからです。

柳井さんによるとそれ以前のユニクロは成功の一方で失敗も多い会社でした。ユニクロの主力商品はカジュアルウェアですが、柳井さんは普段着としても着られるスポーツウェアばかりを集めた「スポクロ」という店や、ファミリーカジュアルを集めた「ファミクロ」という店を企画、計35店舗を出店したものの、1年も経たないうちに撤退しています。

大変な失敗です。しかし、柳井さんは新しい事業はどんなに計画をしっかり立ててもやってみなければ分からないことも多く、うまくいかないことはよくあると考えていました。問題は、失敗したと判断した時、すぐに撤退できるかどうかです。反対に「せっかくこれだけのお金をかけたのにやめるのはもったいない」と躊躇し、「ここでやめたら責任を問われることになる」といったメンツからずるずると撤退を引き延ばすと大けがをすることになります。

新しい挑戦には失敗もつきものです。大切なのは失敗を避けることではなく、致命傷になる前に退く勇気であり、失敗から次へのヒントを学ぶことなのです。

アドラーの名言

**われわれは皆、誤りを犯す。しかし重要なことは、誤りを訂正できるということである。**

# 第21話

失敗や挫折、困難は辛いものですが、
そこを乗り越えることで
人は確実に成長できます。
辛い時は「今、自分は成長している」と
前向きに考えよう。

人が成長するうえで「成功体験」の果たす役割は大きいものがあります。成長するためには、たとえ小さくとも成功した体験を重ね、少しずつ小さな自信を積み重ねていくことが有効です。

では、人が成長するうえでは成功体験だけが必要なのかというと、決してそうではありません。たしかに成功体験も大切ですが、それ以上に必要なのは失敗や困難を乗り越えていく力です。

幼い頃、アドラーはビタミンD不足などによる骨格異常、「くる病」に悩まされていました。包帯を当てられ、外に出てもベンチに座っていることがほとんどでした。「どんな動きにも大変な努力がいった。みなは私を助けるのに骨を折った」と回想しています。

それでも元気に走り回る友人たちの遊びに加わり、不自由ながらも懸命に動いたことで病を克服する経験をしています。５歳の時には肺炎になって死にかけるという経験もしています。

そんな幼児体験がやがて「医者になる」という決意にもつながるわけですが、当時の経験を踏まえてこう話しています。

「困難と格闘することなしには成長することはできない」
「人生の早い時期に失望と挫折をいかに克服するかを学ぶことが重要である」

アドラーは成功体験だけでなく、失敗や困難を経験してこそ人は成長できると考えていました。

反対に困難を知ることなく、ひたすら親に甘やかされ、保護されてきた子どもはどうなるのかというと、やがては世の中に出て手痛いしっぺ返しを食らうことになるというのがアドラーの見方です。

アドラーはその弊害をこう指摘しています。

・常に注目の中心に立たないと我慢できなくなる
・自己中心的な傾向を示し、他者を抑圧し、自分に仕えさせようと努める
・与えることではなく取ることを自分の権利と見なす

アドラー同様に挫折や失敗、困難の大切さを説く人は少なくありません。

「才能ある若手にこそ、挫折を経験させなければならない。挫折は、その選手を成長させる最大の良薬だからである」は20世紀を代表する名サッカー選手で、名監督でもあったヨハン・クライフの言葉です。

クライフは、才能ある若手にはあえて試練の場を与えました。レベルの高い選手と戦わせたり、あるいはレベルの高いチームにあえて放り込むのです。才能ある若手は、その年代では群を抜く存在ですが、年長のチームと戦えば、体格などで圧倒されます。技術の違いも思い知らされることになります。

才能を認めるがゆえに、あえて屈辱や敗北を体験させ、そこからどうやって活路を見出すかを懸命に考えさせ、努力をさせるのです。

その経験が成長へとつながるというのがクライフの考え方でした。

挫折や困難にぶつかると、人はついそこから逃げ出したくなるものですが、そんな時には「逆境にある時は、身の回りのすべてのことが鍼や薬で、それで節操を研ぎ磨いている」という「菜根譚」の言葉を思い出してみてください。逆境にあったなら、「今、自分は試されているんだ、成長のチャンスなんだ」と前向きに考えてみることです。

アドラーの名言

**困難と格闘することなしには成長することはできない。**

# 第22話

失敗を覚悟すると心は軽くなる。
「失敗はたいしたことではない」
と思うからこそ挑戦できるし、
行動することができる。

アドラーは、困難にどう立ち向かうかによって人間を３つに分類しています。

それが楽観主義者、楽天主義者、悲観主義者の３つです。

悲観主義者は問題を目の前にしても、「どうすることもできない」と考えて、実際に何もしようとはしません。

こうした人だらけの社会は滅びるほかはありません。

一方、楽天主義者は「自分にできないことは何もない」と考え、厄介な課題を前にして、「何とかなる」と言いながら、実際には「何もしない」ままでいます。

一見、プラス思考のようにも思えますが、楽天主義者が「何とかなる」と高をくくり、悲観主義者は「自分にできることはない」と諦めの境地に入ってしまう結果、両者とも「何もしない」という点では共通しています。

結果、どちらの場合も人生の課題は何一つ解決されず、社会を良くする貢献をすることもありません。

両者と一線を画するのが楽観主義者です。

アドラーによると、楽観主義者は「あらゆる困難に勇敢に立ち向かい、深刻に受け止めない」だけでなく、「困難な状況にあっても、誤りは再び償うことができると確信して、冷静でいる」ことができます。

楽観主義者は、自信を持ち、過度に要求したりせず、現実的に対処します。そして何より特徴的なのが、失敗したとしても決して深刻にならず、しかしあくまでも真剣に課題に取り組むという姿勢です。

このような楽観主義的な姿勢は、何かをやるうえでとても大切な資質になります。

アマゾンの創業者ジェフ・ベゾスは30歳の時にアマゾンを創業していますが、当時、インターネットは広く普及し始めていたものの、まだ世界的にもインターネットを使ったビジネスで成功した人はいませんでした。

インターネットの将来性に注目したベゾスはそれまで勤めていた会社を退社、起業を決意しますが、当時のベゾスは金融企業D・E・ショーで副社長を務めており、既に地位も名誉もお金も手にしていました。

そんな恵まれた地位を捨て、インターネットというまだ多くの人にとっては未知数の分野に飛び出すわけですから、当時の社長を始め誰もが反対しますが、ベゾスは気にすることなく独立します。

しかし、事業に必要な資金集めには苦労します。ベゾスは自己資金の他に、親しい友人や両親などに資金を提供してもらいますが、その際、ベゾスが彼らに言ったのは「お金を失ってもよいという覚悟がないのであれば、自分に投資すべきではない」でした。ベゾスはこう考えていました。

「失敗を覚悟すると、心は軽くなるのです」

失敗を過度に恐れると、成功に必要なリスクを伴う決断ができなくなってしまいます。時にリスクのある決断をするためには、失敗を覚悟しておくことが重要で、その覚悟があればこそベゾスはアマゾンを成功に導くことができたのです。こうも言っています。

「失敗は楽しいはずもありません。ですが、結局はたいしたことではないのです」

まさに楽観主義者的な姿勢です。

何もしなければ失敗はしませんが、何もしなければ何も生み出せず、成長もありません。

「失敗は結局はたいしたことはない」と考える姿勢こそが人を成長させるのです。

アドラーの名言

**楽観主義者は、あらゆる困難に勇敢に立ち向かい、深刻に受け止めない。**

# 第23話

失敗をしたくないからと、
先に答えを教えてもらってばかりだと
本当の力が付きません。
人は自分で考え、行動し、
失敗しながら成長していくものです。

今話題の「チャットGPT」について、ある大学の入学式で、学長がわざわざこんな話をしています。

「リポート作成に際して使用することなど、ゆめゆめ考えないでください」

AIの進化はすさまじく、チャットGPTを使えば、たいていの質問には答えてくれるし、文章も書いてくれます。それを使えば、わざわざたくさんの文献にあたる必要もなければ、「書く」という苦労も大幅に減らすことができます。リポート作成に悩む学生なら使いたくなるのも当然ですが、だからこそ学長は事前に釘を刺したと言えます。

理由は「簡単に得たものは、またたく間に失われる」からです。

野球の名球会にも入っている元プロ野球の投手の武器はシンカーでした。

若い頃は球速もあり順調に勝つことができましたが、やがて新しい変化球を覚える必要を感じました。そこである先輩の武器であるシンカーを教わりに行ったところ、なぜか教えてくれませんでした。仕方なく試行錯誤しながら身に付けましたが、マスターするのには３年もかかりました。

「教えてくれれば楽に覚えられるのに」と最初は不満を感じましたが、しばらくして先輩から「自分で考え試行錯誤したお陰で誰にも投げられないボールになったな」と言われ得心しました。教えてもらって楽に覚えたボールはただの物真似ですが、考えて身に付けたものは素晴らしい財産であり武器となる、と。

たいていの人はできるなら「楽に成功したい」と願うものですが、そんな努力を欠いた成功には1つの特徴があるというのがアドラーの考え方です。こう言っています。

「ほとんど努力することなしに手に入れた成功は滅びやすい」

アドラーが、甘やかされた子どもについてこう話しています。

「あまりに度を越して子どもを甘やかし、態度、思考、行為、さらには言葉において協力することを子どもにとって余分なものにすれば、子どもはすぐにパラサイトになり、あらゆることを他の人から期待するようになる」

甘やかされた子どもは、常に自分が中心であることを望み、周囲が自分のために尽くしてくれることを望むようになると指摘しています。

母親があまりに子どもの面倒を見すぎると子どもの自立心の息の根を止めてしまうように、たとえば仕事においても教え過ぎる上司、細かく指示を出し過ぎる上司は部下から考える力を奪い成長する力を止め、自立心を奪うことになりかねません。

社員から「考える力」や「自主性」を奪う方法はとても簡単です。仕事はすべて会社が決めたマニュアル通りに行ない、「もっとこうしたらどうだろう」という改善提案は「余計なことをするな」と受け付けなければいいだけのことです。

反対に「考える力」や「自主性」を伸ばしたいのなら、部下に最初から答えを教えることはせず、自分で考えさせることです。自分で考え、答えを探して、実際にやってみます。時間もかかるし、時には失敗もありますが、そんな「試行錯誤」を繰り返すことによって、人は考える力を身に付け、人として成長します。

大切なのは「時間がかかったとしても、失敗したとしても、最後まで自分でやってみる」ということです。今の時代、スピードや効率が優先されるあまり、「いかに早く成果を上げるか」「いかに早く正解にたどり着くか」が重視されがちですが、「人が成長する」のには時間がかかるものです。最初は大変でも失敗を恐れることなく、忍耐強く課題に取り組むことです。その積み重ねが本当の力を養い、速さも可能にしてくれるのです。

アドラーの名言

ほとんど努力することなしに手に入れた成功は滅びやすい。

# 第24話

人間がやる以上、失敗はつきものだと考えよう。
失敗はしてもいい、あとはその失敗から何かを学ぶようにすればいいのです。

「野球とは失敗のスポーツである」はよく言われる言葉です。

プロ野球において３割打つバッターは「優れた打者」と言われますが、３割打つということは、あとの７割は失敗をしていることになります。

ピッチャーの場合も、１本のヒットも打たれず、１人のランナーも出さない完全試合などめったにできることではなく、ヒットを打たれながらもいかに少ない点数で抑えるかがポイントになります。

だからこそ成功したプロ野球選手がしばしば口にするのが「失敗することと、失敗を繰り返さないことの大切さ」です。

成功したプロ野球選手は子どもの頃からたくさんの失敗をして、たくさんの敗北を経験しています。そしてその経験を通して、同じ失敗を繰り返さないためにどうすればいいか、どうしたらもっと上手になれるのかを懸命に考え、努力を重ねることで成功を手にしています。

失敗を恐れず練習や試合を重ね、たくさんの失敗をしたからこそ、成功を手にすることができるというのが野球の世界です。

「失敗の大切さ」は、野球の世界だけとは限りません。

「人生とは単なるゲームではないので、困難には事欠かない」はアドラーの言葉です。人間は生きていればたくさんの困難にぶつかりますし、困難によって失敗することもあれば挫折することもありますが、反対に困難を乗り越えることで大きく成長することもあります。

反対に人生がテレビゲームのようなものだとしたら、失敗してもリセットして簡単にやり直すことができます。あるいは、マニュアルなどを見て失敗しないやり方を学ぶことでミスを最小限に抑え、素早く効率よく結果を出すこともできますが、もちろん人生はそういうわけにはいきません。

アドラーは「だからこそ人生は素晴らしい」と考えていたのかもしれません。

アドラーは講演で個人心理学の考え方について一通り説明したあと、参加者にこう付け加えました。

「生きている人間だけがこんなにも多くの間違いを犯すことができるのです」

「失敗学」という学問があります。

「失敗学」における「失敗」の意味は、次のようになります。

「人間が関わって1つの行為を行なった時、望ましくない、予期せぬ結果が生じること」

つまり、「人間が関わっている」がポイントで、人間のやることに「完璧」はなく、人間が動くところには必ず失敗が起こるというのが、「失敗学」の根本的な考え方になります。

たしかにアドラーが言うように「人間だけがこんなにも多くの間違いを犯す」わけですが、一方で「失敗は成功の母」や「失敗は成功のもと」という格言が表しているように、失敗は私たちを成功へと導いてくれる素晴らしい力も秘めています。

大切なのは「失敗をしない」ことではなく、「失敗を恐れることなく行動」し、かつ「失敗から学ぶ」勇気を持つことなのです。

人間は完璧ではないのでたくさんの失敗や間違いをしますが、アドラーは「失敗する勇気」や「誤りを正す勇気」を持つことで人は成長できると考えていました。人間は間違いを犯しますが、それは成長への大いなる糧でもあるのです。

アドラーの名言

生きている人間だけがこんなにも多くの間違いを犯すことができるのだ。

# 第5章

# 「今できること」に集中すると心は楽になる

# 第25話

現状への不満は少なからず
誰もが持っています。
そこで腐ってしまうか、
それとも置かれた場所で最善を尽くすか。
それが分かれ目になるのです。

「隣の芝生は青い」という言い方があります。

人はいつも自分が望むような、自分にとって好ましい場所にいられるわけではありません。自分のいる場所よりも他人のいる場所の方が良く思えて、違う場所に憧れ、転職などを願う人がいます。

しかし、それは「隣の芝生は青い」という比較の罠に過ぎない場合が少なくありません。

もちろん世の中には「ブラック企業」と呼ばれる、本当に環境が悪い場合もあるだけに、その時は「逃げる」という判断も大切になりますが、単なる「現状への不満」の場合は、まずは今いる場所で最善を尽くす方がいい。

そうすれば、今いる場所を好ましい環境に変えることができるかもしれない。

あるいは、厳しい環境でがんばることで力が蓄えられ、別の場所に移った時に大きく花開くことができるかもしれません。

アドラーは後者でした。

アドラーが１８８１年から学んだヘルナルス・ギムナジウムにおける学校教育は厳格な教育、規格化されたカリキュラムの押しつけであり、あまりに窮屈であり退屈なものでした。実際、同時代に教育を受けたアインシュタインは、１８９５年にギムナジウムの押し付け教育を嫌って退学しています。

しかし、幼い頃から「医者になる」という目標を持っていたアドラーは「学校教育のお陰というよりも、学校教育を受けたにもかかわらず」成長できたと皮肉を言いながらも、退学をすることはありませんでした。

大学の医学部での教育もアドラーの望むものではありませんでした。

患者への関心や治療よりも、実験や診断ばかりを重んじる退屈極まりないものでしたが、ここでもアドラーは「人類を救う最善の手段として医師になろう」として決して意欲を失うことはありませんでした。

まさに「医者になる」に向かって引かれた一本の線がアドラーに、決して望ましいとは言えない環境の中でがんばる支えとなったのです。

やがて医師となったアドラーは街の医師として市井の人を診る中でサーカスで働く人たちが弱かった身体を鍛えぬくことでさまざまな技量を身に付けたことを知り、人は努力次第で何でもできる、と確信します。

その後、第一次世界大戦では軍医として過酷な経験をすることになりますが、厳しい環境にあってなお、アドラーは睡眠時の姿勢とパーソナリティーの間に結びつきがあることを発見したり、共同体感覚の大切さを学び、「我々は皆仲間である」という思いを強くしています。

人はいつも好ましい場所、望ましい場所にいられるわけではありません。ここと違う場所に憧れ、今の場所を怨《うら》むこともよくあることです。そんな人にアドラーはこう語りかけています。

「正しく適切なことはただちに行動することである」

「よそへ行けばもっとできるのに」「よそへ行けばもっと幸せになれるのに」と願う人は恐らく「よそへ」行ったとしても、再び別の新天地を求めるだけのことです。

今いる場所、置かれた場所で最善を尽くすように努めます。ただちに行動を起こします。そうすることで初めて人は周りを良くすることができるし、自分の居場所もつくり出すことができるのです。

アドラーの名言

正しく適切なことはただちに行動することである。

# 第26話

何でも最初は大変なのです。
一足飛びの成功を夢見るのではなく、
今、できることをコツコツと続けよう。
やがて目標に到達できる。

今の自分にできることと、将来目指している「なりたい自分」を比較して、そのあまりの遠さに愕然とすることがあります。

だからといって、「こんなの無理だな」と諦めてしまっては、努力を放棄することになります。「1万時間の法則」の意味は既に紹介した通りですが、大切なのはその意味を知ることではなく、実行することです。

人が何かを習熟して一流になるためにかかる時間が「1万時間」だとしたら、たとえば一日7時間取り組めば、約4年で一流になることができますし、4時間ずつなら約6年10か月、毎日12時間ずつやれば、約2年3か月で一流になることができるのです。

こうした努力で超一流になったのがピーター・ドラッカーです。

ドラッカーは最初から著名な経済学者であったわけではありません。

ベストセラー作家であったわけでもありません。

大学さえ、父親にしつこく言われていやいや進み、学業よりもオペラやアルバイトに精を出していたほどです。

スタートは証券会社の見習社員で、その会社が倒産したため、20歳で新聞社に転職しています。

しかし、記者として働き始めたものの、国際関係や国際法、歴史や金融などのプロではなかったため、成果はさっぱりでした。

自分の未熟さを知ったドラッカーは、何とか克服しようと

1つのことに集中して勉強する

理解したら次に移り、次々と新しいテーマを決めていく

自分なりの方法を守り、継続する

テーマは統計学、中世史、経済学と多くの分野に及びますが、これらを一つ一つ習得していくことで、完全に自分のものにはできなくとも、理解はできるようになったといいます。

「既に60年以上にわたたって続けてきたこの方法で、いろいろな知識を仕入れただけではない。新しい体系やアプローチ、あるいは手法を受け入れることができるようになった」と振り返っています。

ドラッカーはほかにも年に1回、たっぷりの時間を取って、過去1年間の自分の仕事について、「よくできたことは何か」「うまくいかなかったものは何か」「今後、学ぶべきものは何か」などを振り返ってもいます。これは若い頃に身に付けた習慣で、それを続ける

ことで一流になり、やがて超一流の地位を築いたのです。

世の中には不器用で、何かを身に付けるのに時間のかかる人もいます。

しかし、そんなことを嘆く必要はありません。

アドラーは言います。

「何でも最初は大変だ。でも、しばらくするとうまくできるようになる。集中し、忍耐強く努力する」

私たちは大きな成功を手にした人や、「知の巨人」と呼ばれる人を見ると、その凄さに圧倒されますが、こうした人たちも皆、最初は未熟なところからスタートして、集中し、忍耐強く努力することでその座を獲得しています。

何でも最初は大変だし、下手くそなのです。大切なのは「大変だから」と諦めるのではなく、「今、できること」に集中して、コツコツと忍耐強く努力することなのです。

アドラーの
名言

何でも最初は大変だ。

でも、しばらくするとうまくできるようになる。

# 第27話

自分にコントロールできないことに
気を病んだり嘆くより、
自分にコントロールできることに
集中しよう。

アドラーの言葉に「雨と闘ったり、負かそうとしてもムダだ。雨と闘って時間を費やすな」があります。

「雨と闘う」と言うと、「一体、こいつは何を言っているんだ」と思うかもしれませんが、アドラーが言っているのは「課題を分離する」という意味です。

たとえば、雨が急に降ってきたら、あなたはどうするでしょうか？

傘を持っていれば、傘をさします。

あるいは、天気予報を調べて、少し待てばやみそうなら雨宿りをするのもいいかもしれません。

すぐに移動しなければならないとすれば、コンビニに寄って傘を買うという選択肢もあります。

ものすごく急いでいればタクシーを利用します。

こうしたことは誰もが思い浮かべるし、すぐにできることですが、反対に「雨を自分の力で止めるぞ」といった、自分の力でどうしようもないことを無理やり何とかしようとすると、アドラーの言う「雨と闘う」になってしまいます。

あなたに、「三国志」の赤壁の戦いで風向きを変えた諸葛孔明ばりの力があればともかく、この世の中に「雨と闘う」ことのできる人はそうはいません。

つまり、課題に直面した時にやるべきは、今の自分にできることに専念することで、自分の手に負えないことを気にするべきではないという意味です。

ところが、世の中には「雨と闘う」ことばかりを考えて、「今の自分にできること」をやろうとしない人がいます。

たとえば、ものが思うように売れず、業績が不振に陥った時、景気の悪さを嘆いて、「景気さえ回復してくれれば何とかなるんだが」「政府が景気刺激策を打ってくれれば」と景気の回復をひたすらに願う人がいます。

あるいは、ものが売れないのを「お客が悪い」と責任を転嫁する人もいます。

景気もお客さまの意向も自分にはどうしようもないことなのですが、そちらに責任を転嫁して納得してしまうのは、言わば「雨と闘う」のと同じことなのです。

世の中には「自分の力でコントロールできることとコントロールできないこと」があります。

景気をコントロールすることは誰にもできないだけに、そんなものを嘆き、心を煩わせるよりも、今の自分にできること、たとえばサービスを工夫する、価格を再考する、営業活動をもっと積極的に行なうといった今できることを１つずつ愚直に地道に努力する方が「雨と闘う」よりもはるかに効果的なのです。

あるプロ野球選手は試合で手首を骨折し、半年もの間、療養を余儀なくされました。最初は自分の不運を嘆き、焦っていましたが、しばらくして「自分にコントロールできないことを嘆くより、自分にコントロールできることに集中しよう」と気持ちを切り替えました。すると、手首を骨折していてもできることは案外たくさんあり、そこに集中しているうちに不安は消え、復帰への意欲が湧いてきたといいます。

「経営の神様」と呼ばれた松下幸之助さん（パナソニック創業者）に「雨が降れば傘をさす」という言葉があります。あまりに当たり前に思えますが、雨と闘ってムダな時間を過ごすより、自分にできる、自分がやるべき当たり前のことを当たり前にやることこそ成功への道なのです。

アドラーの名言

雨と闘ったり、負かそうとしてもムダだ。
雨と闘って時間を費やすな。

# 第28話

「ないもの」を数えるのではなく、
「あるもの」を数えるようにしよう。
「与件の中で戦う」ことを習慣にすると、
成果が上がりやすくなる。

もしその人の人生が遺伝だけで決まるとすれば、人生に努力は必要ありません。がんばって努力をしたところで、持って生まれたものですべてが決まるとすれば、自分の限界を超えることはできないはずですが、もちろんそんなことはナンセンスです。

サッカーの日本代表を長く務めた本田圭佑さんは日本やオランダのクラブでの活躍を経て、イタリアの名門ＡＣミランに加入しています。

大いに期待されての移籍でしたが、当初はそのプレーに対してマスコミは満足できず、「不調」とか「逆境」と厳しい評価をしました。

しかし、本田さんはそんな評価など気にせずやるべきことを黙々とやる一方で、ＡＣミランの身体能力の高い選手たちを見ながらこんな感想を口にしました。

「こんなに身体能力に優れていて、それを使いきれないなんて『神様は平等だな』と僕は思いますよ」

どういう意味でしょうか？

アフリカやヨーロッパの選手と比べると筋肉量や跳躍力など、努力では埋められない差があることは本田さんも認めていました。

しかし幸いにもサッカーには身体能力とは別に「考える力」や「判断する力」も必要にな

ります。

本田さんには圧倒的な身体能力はないものの、「脳力＝考える力」を磨けば互角に戦えるのではという思いがあったのです。

自分に「ないもの」を恨み、「もっと身体が大きければ」「もっと足が速ければ」と「ないものねだり」をしたところで、そんな願いがかなえられるはずはありません。大切なのは自分に「ないもの」を悔やむことではなく、「あるもの」は何かを探り、とことん磨きぬくことです。

世の中にはほとんど「何もない」ところから出発したにもかかわらず、大きな成功を収めた人がたくさんいます。

アップルの創業者スティーブ・ジョブズは生まれてすぐに養子に出され、大学も通ったのは1年の一学期だけで中退しています。

言わば、学歴なし、人脈なし、卓越した技術もなければ、お金もない、もちろん経営についで学んだこともないという21歳でアップルを起業、わずか4年でアップルを株式公開させ、自力で億万長者になった史上最年少記録を打ち立てています。

それを可能にしたのは「何もない」中でも、「誰も信じていないけれども、本人だけが信じている」ビジョンと、絶対に諦めない「情熱」があったからで、まさに「自分にあるもの」を信じて突き進むことで、不可能を可能にしたのです。

「与えられた条件の中で戦え」という言い方があります。

アドラーの言葉に通じるものですが、ビジネスの世界でも、スポーツの世界でも「人が足りない」「お金がない」と、ないものばかりを探していたら番狂わせなど起こるはずがありません。自分の持っているものや、周りを見渡して「何か使えるもの」を見つけて、結果を出すのが正しい戦い方です。

遺伝や環境を理由に自分で自分に限界を引くのはやめにしよう。アドラーが言うように「大切なのは与えられているものをどう使うか」です。他人と自分を比べて「あれがない」「これもない」とくよくよするのはやめにしよう。マイナスも含めて自分に与えられたものをフルに生かすことで人は限界を超えていくことができるのです。

アドラーの名言

大切なのは何が与えられているかではなく、与えられているものをどう使うかである。

# 第29話

困難な課題を前に、いきなり
「できない」ではなく、
「できる」と考えてみよう。
あとは「どうすればできるか」を
考えるだけでいい。

「ものごとができない理由は１００ほどもある」という言い方があります。困難な課題を前にした時、多くの人は「これは無理だろう」と考えて、「できない理由」を次々と挙げてきます。

それほどに「できない理由」はたくさんあるし、一旦、「できない」「やりたくない」と考え始めると、人は何とかしてやらない方法を考えるものです。

ある大企業の創業者が、20代後半の若手社員を難しいプロジェクトのリーダーに任命しました。

最初は意気に感じ、やる気満々だった若手社員ですが、そのプロジェクトについて調べていくにつれ、解決すべき課題が次々と見えてきて、その課題の多さにすっかりたじろいでしまいました。

「自分にはできっこない」と感じた若手社員は創業者の所に行って、「できない理由」を挙げて辞退させてくださいと申し出ます。

理由は課題があまりに難しすぎて、自分にはやる自信がないというものでした。

若手社員の話を聞いた創業者は、「ちょっと出かけようか」と言って若手社員をある会合に連れて行きました。

そこにはプロジェクトに関係のあるいろんな分野の専門家が集まっていました。

創業者が若手社員と一緒にプロジェクトについてみんなの意見を聞いて回ると、「この点が難しい」「これを何とかしないと無理だろう」という意見がいくつも出てきました。いずれも課題の難しさ、困難を指摘するものばかりでした。

その多くは若手社員が感じていたものだっただけに、それを聞いた若手社員が「やはり自分が感じたようにこれは無理なんだ、これでトップも諦めてくれるのでは」と内心ホッとしていると、創業者は若手社員にこう言いました。

「これで何を解決すればできるかはっきりしただろう」

若手社員にとって困難は「できない理由」と映りましたが、創業者には「これさえ解決すればできるということだ」と映っていました。

同じ話を聞いても、「できない」「無理だ」と思い込んでいる若手社員には、すべてが「できない理由」に聞こえていましたが、「できる」「絶対にやらなければ」と決意している創業者には、それは「解決へのヒント」に思えたのです。

アドラーは言います。

「困難は克服できない障害ではなく、それに立ち向かい征服する課題である」

見方を変えれば、困難でさえ超えられない壁ではなく、ゴールを指し示すハードルとなるのです。

ものごとというのは奇妙なもので、「難しいからできない」と思い込んでしまうと、「できない理由」ばかりが集まってくるのに対し、「難しいけど、きっとできる」と心の中で決めてしまえば、次にやるのは「どうすればできるか」を考えることだけです。

ある人が自分の若い頃を振り返って、上司から「できるか」と聞かれると、後先考えずに「できます」と答えていたら、いつの間にかいろんなことができるようになったと話していましたが、大切なのは困難を前にしても、「できない」ではなく、「できる」と考える習慣をつけることです。

「できる」「できます」と言えば、考えるのは「どうすればできるか」だけであり、そこから案外といい知恵も生まれてくるものです。

アドラーの名言

**困難は克服できない障害ではなく、それに立ち向かい征服する課題である。**

# 第30話

「これが苦手」と落ち込むのではなく、
それをカバーするには
どうすればいいかを考えよう。
そうすれば
「これが得意」を活かすことができる。

「劣等感」というと、悪いものと思っている人が少なくありませんが、アドラーは「すべての人は劣等感を持っている。しかし、劣等感は病気ではない。むしろ健康で正常な努力と成長への刺激である」として劣等感こそが人を成長させる原動力であると考えていました。

もちろん劣等感があまりに強すぎて、自分を「等身大以上」に大きく見せようとする愚かな行為に走ることもあります。ある時、アドラーがアバディーン大学の教授レックス・ナイトと滞在先のホテルで話をしていたところ、1人の青年がやってきて「お二人の紳士が心理学者であることは知っています。でも、私がどんな人物かを言い当てることは恐らくどちらにもできないと思いますよ」と挑戦的な言葉を口にしました。

アドラーは青年を見たのち、「あなたは非常に虚栄心が強いですね」と答えました。

アドラーによると、虚栄心の強い人には強い劣等感があるといいます。何者でもない青年は優越感を持つのは難しく、優越感を持つためには何かを批判し、誰かを貶めることで「優れているふり」をすることが必要だったのです。

一方、劣等感をバネにして大きく成長していく人も少なくありません。

世界初のフルCGの長編アニメ『トイ・ストーリー』などで知られるピクサーの創業者の1人で、のちにウォルト・ディズニー・アニメーション・スタジオの社長も務めたエド・

キャットマルは子どもの頃からディズニーの映画が大好きでアニメーターになることを夢見ていました。

自分で絵を描いてパラパラ漫画をつくるほどでした。

しかし、ある時、「自分は絵がうまく描けない」ことに気づいて泣く泣く夢を諦めました。少年キャットマルには大変なショックでした。

仕方なくキャットマルはユタ大学に進学しますが、ほどなくしてコンピュータ・サイエンス学部が開設され、キャットマルはその第1期生となります。そして大学院に進んだキャットマルは、子ども時代の夢を思い出します。当時のコンピュータ・グラフィックスは未熟で、ようやく静止画像をつくれるようになったところでしたが、キャットマルはこの技術を極めればかつて諦めたアニメーションの長編映画がつくれるのではと考えたのです。

たとえ絵は下手でも、代わりにコンピュータで絵を描けばいいと考えたキャットマルは、CGの開祖アイバン・サザーランドに師事し、新しい技術を生み出したばかりでなく、研究プロジェクトの一環として短いアニメーション映像を制作することに成功したのです。

その後、キャットマルはコンピュータ・グラフィック研究所の所長、ルーカスフィルムでのＣＧ制作を経て、スティーブ・ジョブズと出会い、『トイ・ストーリー』を制作、子どもの頃の夢をかなえることになったのです。

「ずっと夢見ていたものが自分の才能では無理なんだ」と自覚することは誰だってつらいものです。中には、このままでは無理だと分かっていても、夢を諦めきれずに、ずるずると夢にしがみつく人もいるかもしれません。

しかし、世の中にすべてを１人でこなせる天才は存在しません。大切なのは、「自分の得意なもの」だけでなく、「自分に足りないもの」を自覚して、それを補ってくれる人や方法を見つけ出すことなのです。

それさえできれば、自分の夢や目標に大きく近づくことができるのです。

アドラーが言うように、「劣等感は人間の努力と成功の基礎」であり、「すべての人は生まれた時から劣等感と戦って、目標へと向かっていく」ことで成長できるのです。

アドラーの名言

すべての人は劣等感を持っている。しかし、劣等感は病気ではない。むしろ健康で正常な努力と成長への刺激である。

# 第6章

# 「言い訳をやめる」と一歩を軽く踏み出せる

# 第31話

「準備不足」を失敗の言い訳に
使うのはやめにしよう。
求められるのは
「言い訳ができないほどの万全の準備」と
「結果」なのだから。

仕事でも勉強でも、うまくいかなかった時に「準備が十分にできなかった」と言い訳をしたことはないでしょうか。

やる気はあります。

自分には能力もあります。

準備の大切さも理解しています。

しかし、残念なことに、「あまりに忙しすぎて」「急用が入って、そちらに時間を取られた」がために、「準備が十分にできなかった」というわけです。

こう言えば、失敗しても「仕方がない」と自分を納得させることができます。

また、親や周囲の人たちも、「そんなに忙しかったんじゃ、しょうがないね」と同情してくれるかもしれません。

何とも便利な言い訳と言えます。

こうした考え方に対して、アドラーは手厳しく批判しています。

「怠惰であることには隠された無意識の駆け引きがあることが分かる。能力がないと言われるよりも、怠惰であると言われる方がましである」

準備が十分にできなかったのは、要するに「怠惰」ということです。

そして、最初から言い訳をする人は、綱渡りをする人に似ていると示唆しています。

どういうことかというと、怠惰は、ロープの下に張られた安全網の役割を果たします。

私たちは、現実というロープを必死で渡っています。

当然、落ちるという危険性もあるわけですが、ロープの下に「言い訳」という安全網が張ってあれば、仮に綱渡りに失敗して落ちたとしても、衝撃を緩和することができます。

同様に十分な準備をしないままに課題に取り組み、案の定、失敗したとしても、万全の準備をして失敗した時に比べれば、傷つく度合いは少なくなります。

「もし十分に準備さえできていれば、結果は出せた」

そう言って自分を納得させることができます。

周囲からの非難も、「十分に準備をしたのに失敗しました」よりは、「準備不足で失敗しました」の方が和らぐことになります。

まさにアドラーの言う「準備しないで課題に向かえば、たとえ、それを乗り越えることができなくても、自尊感情は危機に陥ることはない」です。

しかし、どれほど上手に言い訳をしたところで、「失敗した」という事実が変わることはありません。言い訳を繰り返したところで、課題が解決することはありませんし、自分が成長することも、能力が伸びることもありません。

では、どうすればいいのでしょうか。

ある有名なアスリートが「準備をいい加減にすることは、最初から負けた時の言い訳を用意しているのと同じ」と言っていましたが、そうならないためにはまずは言い訳の余地さえないほどの徹底した準備を心がけることです。

そうすれば結果はついてきますし、たとえうまくいかなかったとしても、準備不足で臨むよりは確実に成長することができます。

準備不足という「怠惰」を言い訳に使うのはやめにしよう。

そんなことに頭を使うぐらいなら、いやというほど準備に時間を使い、「これ以上は無理」というほど万全を期してみることです。

アドラーの名言

怠惰であることには隠された無意識の駆け引きがあることが分かる。能力がないと言われるよりも、怠惰であると言われる方がましである。

# 第32話

判断は比較的短時間でできるもの。
どうしても考えたいのなら、
「いつまでに」という時間を決めよう。

何をするか、何を買うか、何を食べるかといった時にあれこれ迷うのは人の常ですが、中にはいつまでも決めることができずに迷い続ける人がいます。

たしかに人生の岐路に立ち、どの学校へ進むか、どの会社を選ぶか、誰と結婚するかなど、簡単には決められない問題があるのは事実です。

「人生は選択の連続」と言われるように、人生の岐路で選択を迫られ、その選択次第で人生が大きく変わることもあるだけに、すぐには決められないにしろ、自分で決めることができず、ただ時間が過ぎていくというのは考えものです。

結果、周りからは「優柔不断だ」と非難されます。

しかし、それでも決めることができず、結論を先延ばしする人もいれば、「自分では決められないから」と親や先生に下駄を預けてしまう人もいます。

さらには占いに頼ろうとする人さえいるかもしれません。

さすがにここまでくると、「なんで私はこんなに決められないんだろう」と自分の性格を恨みたくもなりますが、かといって「決める」わけではありません。

一体、なぜこれほど「決める」ことは難しいのでしょうか？

アドラーによると、迷うことや悩むことにはある目的があるといいます。

理由は「決めない」ためです。

迷うことをやめれば、決めなければならないし、決めた以上はやるしかなくなります。それが嫌だから、「もうちょっと考えさせて」といつまでも迷い悩むというのがアドラーの見方です。

アドラーは言います。

「迷いがある人は、だいたいいつまでも迷っていて、ずっと何も達成しないままだ」

パナソニックの創業者・松下幸之助さんは毎日午前9時半から10時半までは必ず本社にいて、即断即決を心がけていました。

決裁に時間をかければ、仕事のスピードが落ちます。それではライバルに勝てません。

それでも時には即断即決できないこともあります。

そんな時には松下さんは無為に引き延ばすのではなく、「明日の何時までに」と時間を切って、結論を出すようにしていました。

たしかに「考える時間」は必要ですが、最も避けるべきは「考えておく」と言ったままだらだらと時間だけが過ぎて、「やっぱりノーね」という態度です。

岐路に立ち、迷い悩むのは当然のことです。

しかし、そこに「できたらやりたくない」という思いがあると、いつまでも迷い続けることになります。

そんな自分と決別したいなら、「今、決める」ことです。

決めたなら、あとは「やる」だけですから、「どうやってやるか」を考えるだけでいいのです。

もう1つの考え方は、考え抜いた結果として答えを出したなら、「この選択が最善だった」と思えるように全力を尽くすことです。「何を選ぶか」で迷うのではなく、「選んだ結果をいつだって最善のものにする」という強い意志があれば、あれこれ迷うことはなくなります。

なぜなら、どんな選択をしようと、自分にはそれを最善にする自信があるのですから、迷う必要などなくなるし、後悔することもなくなるのです。

アドラーの名言

**迷いがある人は、だいたいいつまでも迷っていて、ずっと何も達成しないままだ。**

# 第33話

夢や占いに未来を
左右されるのはもったいない。
占いの結果よりも
自分の決心を優先しよう。

睡眠中にいい夢を見れば、「今日はいいことがありそうだ」「何か幸運が舞い込むかもしれないな」と幸せな気持ちになります。

反対に悪夢とまではいかないものの、いやな夢を見ると、「悪いことが起きなければいいが」と本気で心配になります。

夢に関する考察そのものは古代から行なわれてきましたが、夢について心理学的に考察したのが、１９００年に発表されたフロイトの代表的著作『夢判断』です。

本書は発表当初は厳しく批判されましたが、アドラーは高く評価、14歳年の離れたフロイトとアドラーは知り合い、共同研究を行なうきっかけとなったと言われています。

フロイトの夢判断が、夢の意味は一人一人違うと考えていたからです。

それまでは「蛇の夢を見た　↓　蛇はセックスの象徴　↓　性的欲求不満」という画一的な解釈が一般的でした。

しかし、フロイトは、蛇の夢を見た人に「最近、本物の蛇を見たことはあるか」「蛇の他に嫌いな生物はいますか」などと細かく質問することで、一人一人の精神状態を把握し、相手が何に苦しみ、どうすれば解決できるかを追求しようとしました。

これが有名な「自由連想法」です。

この本をきっかけにしてフロイトに近づいたアドラーですが、やがて離れていきます。フロイトが、夢は無意識の表れであり、決定力を持つと信じたのに対し、アドラーは夢は想像力の一部に過ぎず、決定力などないと考えたからです。

アドラーは「夢占い」を「迷信」と言い切っています。

その例として、アドラーは「シモニデスの夢」を取り上げています。

ある時、ギリシヤの詩人シモニデスが小アジアに招かれました。

船は準備を終えて待っていますし、友人たちも行くように督促しますが、シモニデスはずっと出発を延期していました。

理由は夢の中に現れた、生前に親しかった死者が「あなたは私を手厚く葬ってくれたので、お礼に忠告します。他国には行かないように」という夢を見たからでした。

シモニデスはこの夢を理由に、他国に行かない決意をしたと主張しましたが、アドラーはシモニデスは「夢を見たから」行かなかったわけではなく、最初から「行かない」と決めており、それを納得させるために夢をつくり上げた、と考えました。

つまり、シモニデスは最初から「行かない」と心に決めており、彼の想像力が、結論に都合のいい夢を見させた、ということです。

これをフロイトが分析すれば、夢がシモニデスに「行かない」という結論を促したことになりますが、アドラーによると、結論が先にあることになります。

こう言い切っています。

「既に到達していた結論を支持するために、ある種の感情を、あるいは、情動を創り出したに過ぎないのである」

人は夢占いを始めとした占いが大好きです。

占いの結果を聞いて一喜一憂する人もいますが、実際は占う前から自分の心は決まっているというのもよくあることです。ある戦国武将は「占いが凶と出た」「方位が悪い」などと忠告されても、「占いごときで絶好のチャンスを逃すわけにはいかない」と占いよりも実行を優先しましたが、たしかに自分の決心を後押ししてくれる占いや夢なら信じればいいし、そうでなければ「こんなのは迷信だ」と切って捨てればいいのです。

アドラーの名言

既に到達していた結論を支持するために、ある種の感情や情動をつくり出す。

# 第34話

「やればできる」を
「やらない」言い訳に使うのは
やめにしよう。
制約があるからこそ知恵も出るし、
がんばる甲斐もある。

何年も前のものですが、『俺はまだ本気出してないだけ』という映画にもなった漫画がありました。

いい年をしたおっさんがいきなり会社を辞めて漫画家を目指すと宣言するコメディーでしたが、たしかに世の中には今はまだうだつの上がらないところにいるが、俺が本気を出せば何だってできるんだと、そんなことを口にする人がいます。

あるいは、口にこそしないものの、内心そう思っている人は多くいます。それははたして正しいのでしょうか。

多くの場合、心理的な隠れ蓑に過ぎません。

そもそも「本気を出せば、何だってできる」にもかかわらず、なぜ本気を出そうとしないのでしょうか。

アドラーによると、子どもが怠惰であるのには理由があります。怠惰であることによって、自分の能力のなさを知られずにすむからです。

その心理はこうです。

「自分が課題をできないのは、単に怠けているからに過ぎない。自分の本当の能力は、こんなものではないんだ。本気になりさえすれば、自分は何だってできるんだ」

「やればできる」というわけです。

アドラーは、怠惰で何の努力もせず、どんなことにも関心を持っていないにもかかわらず、「優れていたい」という欲求を持つ子どもが、「もしもこんなに怠惰でなければ、大統領にだってなれるのに」と考える例を挙げて、「もしも〜であったら」の持つ弊害を戒めています。

アドラーによると、「私は結婚するでしょう。もしも〜ならば」「私は仕事に戻るでしょう。もしも〜ならば」ともっともらしい理由を口にする人は、自分について高い評価を持っており、人生の有用な面で多くのことを成し遂げることができると考えていますが、「『もしも〜であったら』という条件付きであれば。これは無論、人生の嘘であって虚構である」となります。

「もしも」と言う人は、条件さえ整えば自分にはもっとすごいことができる、と訴えたいのでしょうが、そう言う人が本気で何かに取り組むことは決してありません。

仕事でも「もう少し時間があれば」と弁解する人がいますが、そんな人のことをホンダの創業者・本田宗一郎さんはこう切って捨てていました。

「『もう少し時間があれば、考えつくんだけどなあ』なんていうのは、これはバカだということだよ。忙しいからこそ、その忙しさから抜け出そうとして、苦し紛れの知恵が出るし、創意工夫で進歩するんですよ」

仕事をしていると、つい「もう少し時間があれば」「もう少し余裕があれば」と言い訳をしたくなりますが、では、時間があれば、余裕があればすごいことができるのかというと、決してそうではありません。

人生はたしかに制約だらけですが、「制約こそが創造力を刺激する」という言葉があるように、「もしも～であったら」の「もしも」がないからこそ人は必死に考えるし必死に努力をしようとします。

夢を見て、「もしも～だったら」と言い訳をしている間に時は過ぎ去ってしまいます。本当にやりたいことがあるのなら、あれこれ言い訳をすることなく、今すぐにやってみることです。

アドラーの名言

『もしも～であったら』は、人生の嘘であって虚構である。

# 第35話

「私なんか」「でも」「だって」「どうせ」
という言葉を使うのはやめにしよう。
前向きな言葉が
一歩を踏み出す力になる。

世の中にはどんなことにでも果敢に挑戦する人もいれば、できない人もいます。その違いはどこにあるのでしょうか。

ある女性記者がオリンピックで金メダルを獲得した女性アスリートに「なぜそんなにいろんなことに挑戦できるのか?」について話を聞いた後、「私もいろんなことに挑戦したいのですが、私なんかにできるでしょうか?」と質問をしました。

すると、女性アスリートから返ってきたのは、「まずは『私なんか』と言うのをやめたらどうですか」でした。

女性記者は子どもの頃から勉強はできたものの、スポーツなどにはほとんど挑戦したことがありませんでした。子どもの頃から自分は運動神経が悪いと思い込み、親もそう思っていたのか、スポーツに関しては「私なんかにできるわけがない」と思い、親も「お前なんかには無理だろう」と口癖のように言っていたといいます。

得意な勉強はともかく、スポーツなどについては自分で自分に制限を課していたということです。アドラーは言います。

「人生は子どもたちがあまりにうぬぼれるようになれば軌道修正をするでしょう。でも、もしも子どもたちが勇気をくじかれたら修正することはできません。ライオンを慣らすのはひどく難しいというわけではない。でも子羊を吠えるようにさせた人は誰がいるだろうか」

「私なんか」「お前なんか」は人の可能性を潰す言葉です。「私なんか」をやめて、「私にもできる」と考えることが、すべてのスタートなのです。

「私なんか」が挑戦をためらわせるように、ビジネスにおいても人のやる気をくじく言葉があります。ある大学の研究によると、メンバーの提案に対して、リーダーが「いいね」「嫌だ」「いいね、でもね」のどれかを言い続けた場合、最もイライラするのが「いいね、でもね」だといいます。

リーダーからはっきり「嫌だ」と言われれば、メンバーは代案を考えることができますが、「いいね。でもね」を続けられると、リーダーの意図が分からなくなり、やる気も失せてしまいます。

たとえば、営業成績が伸びないチームのメンバーが解決のためのアイデアを次々に提案した時、リーダーが「いいね、でもね、それを会社が許すとは思えないんだよ」「いいね、でもね、やってみて失敗したら大変なことになるよ」と言い続けたとしたらどうでしょうか。恐らくメンバーは「この人は一体、何をしたいんだろう。何か言ってもできない言い訳ばかりして本当は現状を何とかしようという気なんかないんじゃないか」とチームとしてがんばることさえ放棄するかもしれません。

課題を前にして「でも」「だって」を並べ立てて言い訳ばかりする人は、結局は課題を解決するよりも「やらない」言い訳に関心のある人です。これでは課題が解決することはないし、目標からも遠ざかるばかりです。

アドラーによると、『はい、でも』と言って、結局、課題に取り組まない」人に対する適切な対処は、「ためらいの態度をとらないように訓練することだ」と言います。必要なのは「勇気づけ」です。

ビジネスでも人生でも、課題を前にしたら、言い訳としての「でも」「だって」「どうせ」という「3つのD」を封印することです。代わりに「できる」「やってみよう」を口癖にすれば、言い訳不要で、挑戦にためらうことはなくなります。

アドラーの名言

**勇気づけて、ためらいの態度をとらないように訓練することだ。**

# 第7章

# 仲間を信じて「協力する力」を磨きぬけ

# 第36話

人は人と協力する力を
身に付けることによって、
1人よりも多くのことを成し遂げる
ことができるようになる。

すべての人は３つの人生課題に直面します。
１、仕事の課題
社会の一員として生きていくための仕事を見つける。
２、交友の課題
仲間を見つけ、自分の居場所を見つける。
３、愛と結婚の課題
男女の付き合いや結婚に関する課題。

つまり、人生の課題を解決するためには、人と協力する能力が必要になります。

にもかかわらず、人と人の関係はいつもうまくいくとは限りません。

そして、どんな環境であっても人間関係が上手な人もいれば、いつも人間関係につまずき、悩む人もいます。

子ども時代から仲間づくりが苦手で、協調性のなさや、孤立を指摘される人もいれば、人付き合いが得意で、いつも友だちに囲まれている人もいます。

仕事のやり方でも、組織で動くよりも個人で動く方が能力を発揮できる人もいれば、チームプレーによって大いに力を発揮する人もいます。

こうした差はどこで生まれるのでしょうか。

アドラーによると、こうした違いは遺伝的な要素よりも、訓練によって生まれます。

アドラーは、地理を教えられなかった子どもが、地理の試験で高得点をとることができないように、「協力する訓練を受けたことのない」人が協力が苦手なのは仕方がないとも指摘しています。

人生の課題の多くは、解決に向けて「協力する能力」を必要とします。協力する能力は訓練されることができるだけに、協力する能力はその不足を認識し、教え、学び、訓練し、鍛えることが必要になるのです。

２０２０年、コロナの感染拡大によってテレワークが一気に普及することになりましたが、そこで新たに生まれたのが家族間で生じるストレスです。

それ以前、仕事におけるストレスは職場での人間関係が主でしたが、テレワークによって「自宅で働く」ことになると、職場での人間関係のストレスからは解放される反面、家庭内での人間関係がストレスとなってきます。

共働きの夫婦が狭い家の中で一緒にテレワークをしていると、それだけでも気を遣ううえに、たとえば食事の用意や洗濯などは誰がするのか、子育ての役割分担をどうするかといった、これまであまり感じなかったストレスを感じるようになりました。

もちろん夫は夫なりに協力しているつもりかもしれませんが、どちらも同じ空間で仕事をしているとなると、妻にしてみるとほとんどの家事や子育てを妻に任せる夫が協力的とは思えなくなってきます。アドラーは言います。

「われわれは１人だけで成し遂げることができる課題か、さもなければ20人で成し遂げる仕事に対しては教育を受けているが、（男女）２人で行なう課題に対しては教育を受けていない」

だが、案ずることはありません。「２人が自分の性格の誤りを認め、対等の精神で問題に対処していくのであれば、適切に成し遂げることができる」と励ましてもいます。

人間は１人で生きていくには弱い存在ですが、分業や協力を通してみんなで力を合わせて社会的発展を可能にしているというのがアドラーの考え方です。

アドラーの名言

協力する能力は、幼稚園から歴史や地理のように教えられなければならない。

# 第37話

非難や体罰は人を遠ざけ、
信頼や協力を困難なものにします。
怒りは一呼吸置き、
意味もなく敵をつくるのはやめにしよう。

勇気づけは人が人生の課題の解決に向けて努力しようという自信を持てるように援助することですが、その際、罰すること、体罰を加えることは最も意味のない、むしろ勇気をくじくことになるというのがアドラーの考え方です。

もし親が子どもたちを罰すれば、子どもは「大人は強く、子どもは弱い」ということを学び、「必ず失敗する」と感じるようになるといいます。

「体罰は無効である」がアドラーの主張であり、体罰を加えれば、「社会は敵対的であり、協力することは不可能である」ことを確信し、決して誰かのために協力しようとは思わなくなってしまうのです。アドラーは言います。

「協力する訓練を受けなかったので、勉強はできず、教室で問題を起こした。彼は責められ罰せられた。今、そうすることは、協力できるよう勇気づけることになるだろうか。状況は以前より絶望的である、と感じるだけである。人々は自分に敵対している、と感じる。無論、学校を嫌う。非難され罰せられることが予期される場所を好きな人が誰かいるだろうか」

相手が「敵」であると感じているにもかかわらず、その人と協力しようという気持ちになるのは不可能です。「この人は仲間である」と感じるからこそ、協力もするし、その人のために何かをしようと考えることができます。

体罰を加えると、その人と親しい関係、信頼できる関係を築くことはできなくなってしまいます。そんな場所を好きな人はいないし、そんな場所を経て大人になった人間が周りの人を信頼し、仲間を信じることができるはずもありません。

「教育においては共感を使うべきです」がアドラーの信念です。

体罰は無効です。体罰は周りの人を「敵」と感じさせ、人生の課題への挑戦を困難にするだけです。勇気をくじくためには相手を罰することです。反対に勇気づけのためには周りの人たちは「仲間」であると信じられるようにすることが必要なのです。

とはいえ、時には相手に対して強い怒りを覚えることもあります。そんな時にはどうすればいいのでしょうか？　アメリカの自己啓発の大家デール・カーネギーはアメリカの元大統領リンカーンの対処法を例に挙げています。

南北戦争の時、南軍を壊滅する絶好の機会があったにもかかわらず、北軍の将軍はリンカーンからの攻撃の命令を拒否、みすみす勝利を逃してしまいました。明らかな軍規違反に激怒したリンカーンはすぐに非難の手紙を書きますが、出すことはありませんでした。

「そのようなことをしても、何の役にも立たないからだ。そんな手紙を送っても、ミード

（北軍の将軍）は自己を正当化し、逆に私を非難するようになるのが関の山だろう」という理由からでした。

リンカーンのモットーは「人を裁くな」です。そのため怒りに駆られることはあっても、それを直接相手にぶつけることはありませんでした。人を非難したい衝動に駆られたら、その怒りのままに手紙を書けばいいのです。そしてそれを２、３日置いておけば、その手紙を出すことはないというのがリンカーンの故事に学んだカーネギーのアドバイスです。

ある人が、メールなどを書くのは気分がポジティブな時だけと話していました。気持ちがネガティブで、怒りに駆られている時のメールなどは思わぬ間違いを犯すことになると知っているからです。ストレス発散のためにＳＮＳに怒りや不満をぶちまけるのはやめにしよう。書くのはいいが、時間を置いて読み返してみる。その時には送る気も怒りもすっかり静まっているはずです。癇癪は５分間口を閉じていればおさまるものなのです。

アドラーの名言

非難され罰せられることが予期される場所を好きな人が誰かいるだろうか。

# 第38話

年齢差や役職の違いはあったとしても、
「人間は対等であり、仲間である」
を前提にすれば、
良い関係、良い付き合いが可能になる。

「人は対等である」というのが、アドラーの基本的な考え方です。

かつては親と子や、上司と部下、夫と妻の間には厳然とした上限関係があり、下の人間は上の人間の言うことに「従う」ことが当然とされていました。

今ではそうではありませんが、それでも世の中には新しい時代の価値観に切り換えることができないままに、時に「えっ」と驚くような発言をしたり、態度をとって周囲からの顰蹙《ひんしゅく》を買う人もいます。

しかし、そんな古い価値観のままでは今の時代、生きていくことはできません。

アドラーは早くから「人は対等である」という考えの下、親と子の関係でも、教師と生徒でも、社会における上司と部下も含めて人間関係は対等でなければならないと説いています。

それを忘れて、怒って叱りつけたり、体罰を加えたり、会社であればパワーハラスメントをしたりしても関係を改善することはできません。

もしかしたら一時的に従属させることはできるかもしれませんが、かえって関係を悪化させ、相手の恨みを買うだけになります。

そもそも心の底から「人は対等である」と考えていれば、叱りつけたり、脅したり、体罰やパワハラに走ったりはできないはずです。

学校の部活などで体罰やパワハラを指摘された指導者の中には、「強くしたい一心で」と「愛のムチ」を強調する人もいますが、「殴ってでも強くしたい」に生徒は納得していたのでしょうか。

「一緒に仲良く暮らしたいのであれば、互いを対等の人格として扱わなければならない」とアドラーは言っています。

相手を対等の人間と見て、尊重し、信頼して接すれば、体罰などの力を借りなくとも、十分に教え導くことができます。

人間は対等であり、敵ではなく、仲間なのです。

そう考えるアドラーは、自分の子育てにおいても体罰を与えることはなく、常に理性を持って接しています。

それは子どもの教育においても同様であり、「子どもたちが膝の上で手を組んで静かに座らなければならない」権威主義的な学校を「子どもたちが教師の友だちである」ような学校に置き換える時に堅実な進歩がある、と話しています。

とはいえ、こうした学校に不安を感じる人も多いはずです。教師の権威が消え、子どもと友だちのようになって果たして教師や、あるいは親は子どもを教え導くことができるのだろうか、と。こうした疑問に対してはアドラーは本当に対等な関係をつくる中で解消するのでは、と考えていたのではないでしょうか。

一方、時に難しいのが同じ職場で働く上司と部下や先輩と後輩、あるいは恋人同士や夫婦の関係です。人には相性というものがあり、相性の合う相手とならば話をしていても楽しいし、多少嫌なことがあっても許すことができるのに対し、相性の合わない相手と一緒にいても楽しくないし、相手のやることなすこと気に障ることもあります。

そんな時に心がけたいのが、相手の「良い点」を見ることです。人間関係はこちらから「あの人は良い点がある」と決めてかかれば、相手も案外と心を許してくるものです。相手の「嫌な点」ではなく、「良い点」に目を向けます。それでもダメなら、仕事はともかく、それ以外では「適度な距離」を置いてみればいいのです。

アドラーの名言

一緒に仲良く暮らしたいのであれば、互いを対等の人格として扱わなければならない。

# 第39話

「罪を憎んで人を憎まず」は
人と人の信頼関係を築くうえで
とても大切なことです。
失敗は「責める」前に
「対処と原因究明」を優先しよう。

「人格攻撃」は、会社などでもよくある間違いの1つです。

会議などで、若い社員が意見を言うと、発言の中身についてではなく、「お前なんかに言われたくない」「お前みたいな若造に何が分かる」と、発言者の人格を否定する人がいます。

あるいは、失敗の中身を追求すべきところを、「だから君はダメなんだ」「最初から君には無理だと思っていたよ」と、失敗した人の存在そのものを否定する人もいます。

こんな人格攻撃をされてしまうと、言われた人は自信を失い、精神的にも深刻なダメージを受けることになります。

「こんな会社にいたくない」「こんな人たちと働きたくない」と絶望的な気持ちになり、言った相手に対して、強い恨みを抱く人もいるかもしれません。

大人でさえこうです。

まして子どもが親や教師からこんな言葉を投げかけられたり、まだ経験の浅い新入社員が上司からこんなことを言われたら、前に進む勇気を失うことになります。

アドラーは「賞罰は、成功した、あるいは失敗した行為に対してなされなければならず、人格に対してなされてはならない」と言い、怒りを爆発させる、嘲笑する、不平を口にする、といったことは避けるべきだと指摘しています。

失敗した人に対して、大切なのは「なぜ失敗したのか？」を考えさせ、「失敗を挽回するには何が必要か」「同じような失敗をしないためには今後どうすればいいか」などを教訓として学ばせることです。

成功を讃え、失敗を注意するのは当然のことですが、そこに人格をからめては絶対にいけません。劣等感を生み出し、殻に閉じこもらせ、恨みをつのらせるような言動は、誰に対してもしないことです。

「罪を憎んで人を憎まず」は難しいことですが、人と人の信頼関係を築くうえでとても大切なことなのです。

優秀な営業社員Aさんがある営業チームのリーダーに抜擢されました。張りきったAさんは部下に対しても厳しい目標を課し、日々、厳しく指導しましたが、時に感情を爆発させることもありました。

特に失敗や悪い報告に対しては、完膚なきまでに叩きのめすこともしばしばでした。Aさんはそうやって育っただけに、そのやり方を正しいと信じ込んでいましたが、時代が変われればやり方も変わるし、相手によって受け止め方は変わるものです。

やがて部下たちはAさんの顔色を見て動くようになり、報告はAさんの機嫌のいい時を見計らって行い、悪い報告はなるべく言わないようにしました。そんな状態が続くうちにチームの成績は急速に悪化、Aさんはますます部下に厳しく接するようになりますが、それで成績が上がることはありませんでした。

困ったAさんが元の上司に相談したところ、「部下の良い報告だけでなく、悪い報告に対しても『ありがとう』と言いなさい」とアドバイスをされました。以来、Aさんは部下の良い報告はもちろん、悪い報告についても「言ってくれてありがとう」と言うようになりました。叱責よりも対処を優先したところ、Aさんとメンバーの間には信頼関係が生まれ、営業成績も上昇するようになったのです。

怒りの感情は人と人を引き離します。根底に「人は対等である」という思いがあってこそ、人は人を教え諭すこともできるし、厳しく叱ることもできるのです。

アドラーの名言

賞罰は、成功した、あるいは失敗した行為に対してなされなければならず、人格に対してなされてはならない。

# 第40話

何かを成し遂げたいのなら、
「1人で何でも」よりも
「助け合える仲間を持つこと」を
大切にしよう。

能力があり、自分に自信のある人が時に陥りやすいのが「周りの人間は誰も頼りにならないから自分ががんばらなきゃ」という気負いです。

こうした人は「誰かに任せるより自分がやる方が速い」という自信過剰から、何につけても「自分がやる」という選択を好みます。しかし、たいていの場合、人は万能ではないだけに、やがて壁にぶつかり、困難を抱えることになります。

のちにある大企業の社長となったＡさんは、管理職になったばかりの頃、問題を１人で抱え込んで大いに苦しんだことがあります。周囲との歯車もかみ合わなくなり、がんばりも空回りするようになったのです。

悩むＡさんに１人の先輩がこう声をかけました。

「肩の荷は分かち合うものだよ」

謙虚になって周りを見渡せば、いろいろな能力を持った上司や先輩、同僚や部下がいました。にもかかわらず、それを忘れて何でも「自分が、自分が」と力んだ結果が失敗へつながっていたのです。

以来、Ａさんは問題を分割して、「これは彼に頼もう、こっちはあの人に」と考えるようになりました。そうやってみんなで協力して「肩の荷」を分かち合うと、みんなが喜んで力を貸してくれるようになったのです。

人はみな不完全で弱さを持っています。そしてその弱さゆえに「人間は社会の中で生きる」ようになっているし、「正しく組織された社会では、能力の不足を協力によって補償できる」というのがアドラーの考え方です。

Aさんはこの経験を通して、あらためて仕事はチームプレーであることを自覚しました。どんなスーパースターも1人では敵陣突破はできないし、仮にできたとしても長続きすることはありません。

問題を1人で抱え込むのはやめにしよう。みんなの知恵や力を借りながら前に進めば、足取りはぐっと軽くなるし、多少の難問を前にしてもくじけることはありません。

こうした「1人の力」の限界をよく知るのが、数々のベンチャー企業に投資することで世界的企業に育てることに尽力してきたアメリカのベンチャーキャピタルです。

ベンチャーキャピタルによると、起業にあたって創業者が2人というのはとても好ましいことだというのです。それどころかベンチャーキャピタルによっては、たとえ素晴らしいアイデアを持つ、優れた起業家であっても、1人での創業を考えている場合は投資をせず、「信頼できる仲間と一緒に起業しなさい」と条件を出すこともあるほどです。

たしかにマイクロソフトもグーグルも、そしてアップルも２人で起業していますし、日本でもソニーやホンダなどの創業者は２人です。なぜでしょうか？

理由は、起業というのは順風満帆に進むことはなく、途中、何度も厳しい状況もあるわけですが、そんな時も１人ではなく、信頼できる仲間がもう１人いることで乗り越えることができるからです。２人で起業すれば、お互いがお互いの苦手をカバーすることで、長所を伸ばすこともできます。

世の中にすべてを１人でできる万能の天才はほとんどいません。その代わりに人間にはアドラーが言うように「協力することでお互いに足りないものを補い合う力」があります。人は１人では生きられないからこそ、良きパートナーや友人を求めます。そして互いに補い合える相手を見つけた時、大きな成長や成功がもたらされるのです。大切なのは１人で何でもできることよりも、助け合える本当の仲間を何人持っているかなのです。

アドラーの名言

孤立した状態で生きているのであれば能力が劣っていることになるかもしれない人も、正しく組織された社会では、その不足を補償することができる。

第 8 章

# 人を信じ
# 勇気を持って
# 生きていこう

# 第41話

「イエス」だけだと
単なる「便利屋」になってしまいます。
嫌われることを恐れず、
「ノー」と言う勇気を持とう。

アドラーは、「良い友人とは何か」について、こういう言い方をしています。

「この人は良い友人であるが、他の人を怒らせることを恐れない。しかし、いつも他の人の幸運に関心があるだろう」

良い友人は、何でも相手のいいなりで、自分の考えを持たない、控え目な人のことではありません。他の人を怒らせるのは決して望ましいことではありませんが、かといって「こんなことを言ったら怒らせてしまう、嫌われてしまう」と顔色をうかがいながら、言いたいことも言わないなど遠慮ばかりするのは、良い友人とは言えません。

友人が間違ったことをしたり、間違ったことを言っているのに、適切な助言をためらうのは、健全な交友関係ではありません。

仕事でも私生活でも、同僚や友人から「あれやって」「これやって」と頼まれると「ノー」とは言えない人がいます。

頼む側からすると何とも頼りになる存在ですが、こうした人に限って、「どうして自分はノーと言えないんだろう」「自分はこんなにやってあげているのに周りからはちっとも感謝されない」と不満を感じていることが少なくありません。

しかも、こうした人が感謝され、尊敬されているかというと案外周りからは「頼めば何でもやってくれる便利な存在」、言わば「便利屋さん」と思われています。

一方、時に友人に強いことを言う人の方が、相手からは尊敬され、信頼されているというのもよくあることです。

なぜこんなことが起きるのでしょうか？

大切なのは、なぜ時に「ノー」と言うのか、なぜ怒らせることを恐れないかです。威圧して屈服させるためなら問題ですが、相手の幸福のためであれば、怒らせることは歓迎すべき行為となります。

良い友人とは、時に厳しい友人でもあるのです。良い友人は、友人が間違ったことをしているのなら厳しい言動をとることも辞さないし、相手から嫌われることを恐れて発言をためらうことはありません。決して他の人から賞賛されようとも考えていません。

仕事でも同じことが言えます。

仕事でもスポーツでもチームで戦う時、しきりと強調されるのが「チームワークの大切さ」ですが、チームワークをただの「仲良しクラブ」と勘違いしてしまうとまるで成果の上がらないチームになってしまいます。

チームがまとまり、機能するためには、メンバー全員が不安や恥ずかしさを感じることなく、リスクある行動をとることが必要になります。重要なのはチームのメンバー全員が自分の意見をしっかりと言えるかどうか、みんながその意見に耳を傾けるかどうかです。

大切なのがアドラーの言う「良い友人は人を怒らせることを恐れない。しかし、いつも人の幸福に関心がある」という考え方です。良いチームワークは、単なる仲良しクラブではダメで、仲の良いケンカができることが求められます。みんなが言いたいことを言い、そこからより良いものを生み出していくという率直な姿勢からチームワークは生まれることになるのです。

人は「嫌われたくない」気持ちが強すぎると、心をすり減らすことになりがちです。それよりも「嫌われてもいい」と開き直って、時に「ノー」と言い、時に相手のために言うべきことを言う。そんな人をこそ人は「本当の友人」として信頼するのです。

アドラーの名言

**この人は良い友人であるが、他の人を怒らせることを恐れない。**

# 第42話

「自分だけ」にとらわれず、
かといって「他人だけ」でもダメで、
自分を持ちながら、
自分を離れた客観的な目も大切にしよう。

アドラーの心理学は「個人心理学」と呼ばれています。

しかし、それは自分（個人）が世界の中心だと思うことではありません。

ある人が今の時代、自己中心に生きる人たちのことを「今だけ、金だけ、自分だけ」と批判していましたが、こうした人ばかり増えると、世の中はお金中心のギスギスしたものにならざるを得ません。

自分が世界の中心だと思う人は、他人は自分のために生きていると勘違いし、その勘違いが満たされないと怒り出します。それは単なる「自分への執着」です。

アドラーは、自分に執着しすぎる人に対しては、他者への関心を持つように援助することが重要だと考えていました。

個人心理学の中心には、共同体感覚があります。

共同体感覚を持つためには、自分以外の他者の存在を認め、他者に関心を持ち、共感できることが重要になります。

アドラーは医者になりたいという子どもにこうアドバイスしています。

「良い医者になるためには、君自身以外の他の人にも関心を持たなければならない。病気になった時に他の人が何を必要としているかを理解するためだ。良い友人になり、自分自身のことはあまり考えないようにしなければならない」

他者に関心を持つのがひどく難しいと感じる人は、恐らく「好き嫌い」といった関心にとどまっています。そうではなく、相手と自分を同一視して、「この場合、この人ならどうするだろう」と考えるのが他者への本当の関心です。それをアドラーは「他の人の目で見て、他の人の耳で聞き、他の人の心で感じる」と表現していました。

ビジネスの世界でよく言われるのが「お客さまのために」という言い方です。そこにあるのは「お客さまのためにベストのサービスを」という考え方ですが、セブン-イレブンの創業者・鈴木敏文さんは「顧客のために」という発想では「売り手の立場」や「つくり手の立場」から脱却できないとして、社員にこう言い続けていました。

「『顧客のために』ではなく『顧客の立場』で考えろ」

「顧客のために」はあくまでも売り手やつくり手の立場からの発想になるのに対し、「顧客の立場」に立てば、顧客の心理が分かり、「何をすれば一番嬉しいか、ありがたいか」がよく分かるという意味です。

そしてそこからヒットが生まれると言います。

人はどうしても「自分」や「自社」中心に考えがちですが、だからこそ「他人の目や耳、心」

で感じることがとても大切になるのです。

世阿弥に「離見の見」という言葉があります。

演者が、自分を離れ、観客の立場に立って自分の姿を見ることで、自分について自己満足せず、客観的な視点を持つ大切さを教える言葉です。

アドラーの言う「他の人の目で見て、他の人の耳で聞き、他の人の心で感じる」は「共感」を重んじた言葉ですが、ここでアドラーが強調したいのは「自分だけの考え方」にとらわれることなく客観的な視点を持つことです。

人は「自分だけ」にとらわれてもダメだし、自分をなくして「他人だけ」に振り回されてもダメになります。しっかりと「自分」を持ちながらも、「自分を離れた視点」も持つことで初めて人はより「自分らしく」生きられるし、「社会の中の自分」を自覚することもできるのです。

アドラーの名言

**他の人の目で見て、他の人の耳で聞き、他の人の心で感じる。**

# 第43話

相手がどうあれ、
「私たちはみな仲間です」と
決めてかかるようにしよう。
それだけで人との付き合い方は
少し変わることになる。

今の時代、持てる者と持たざる者という二極化も進めば、思想信条に関しても二極化というか、ある種の「分断」が進んでいます。

いつの時代にも二極化はありましたが、それがさらに進んでお互いがお互いを受け入れず、理解をしようともしない「分断」が進むと、その社会からは健全性が失われ、ギスギスしたものにならざるを得ません。

対立も激化します。

そんな時代だから大切にしたいのがアドラーの「私たちはみな仲間です」という考え方です。

アドラーが「共同体感覚」という場合の「共同体」というのは、自分が属している家族や職場、社会や国家といったもののすべてであり、過去・現在・未来のすべてを含む宇宙全体を指しています。

それはある意味、到達できない理想郷かもしれません。

だが、理想に向かって努力をすることが大切だというのがアドラーの考え方でした。

具体的には人はたった１人で生きているのではなく、他者との関わりの中で生きており、他者を敵ではなく、仲間とみなすことが共同体感覚の核心となります。

アドラーがこの共同体感覚という言葉を使うようになったのは第一次世界大戦に軍医として参加して以降のことです。アドラーは陸軍病院の神経精神科の医師として入院してくる患者が退院後に再び兵役に就くことができるかどうかを判断する役目でした。容易に想像できるように、苦痛の多い仕事でした。

ある時、村のカフェの小さな集会に参加したアドラーは戦時の経験について聞かれ、戦争の不毛さを語り、オーストリアの政治家を批判しました。

すると、ウィーンに住む女性が、敵国だったイギリス人のいる場所で故国を批判したアドラーを非難します。

アドラーはこう言いました。

「私たちはみな仲間です。どの国の人であってもコモンセンスのある人なら同じように感じました。この戦争は私たちの同胞に対する組織的な殺人と拷問であると。どうしてそれを望まないことがいけないことでしょう」

他者を仲間と思い、共同体の中に自分の居場所があると感じる。他者を「敵」と見るか、「仲間」と見るかで社会との関わり方や生き方は大きく変わってくるのです。

初めての人と会う時、とても不安になることがあります。「嫌な顔をされたらどうしよう」「ひどいことを言われたらどうしよう」などと考えてしまうと、腰が引けてしまいどうしても臆病になります。

こちらの嫌な気持ちや不安な気持ちは相手にも伝わり、相手もあなたに対して同様の気持ちを抱くことになります。

そうならないためにも心がけるといいのが「態度を決めてかかる」ことです。

会う前から「この人を私は絶対に好きになる」「この人は私を絶対に好きになってくれる」と決めつけてからスタートをします。

それだけで声をかける勇気も出るし、相手をほめることも簡単にできるようになります。

人と会う時、話す時に不安を感じたら、「私たちはみな仲間です」というアドラーの言葉を思い出すことです。こちらが「私たちはみな仲間です」と態度を決めてかかれば、案外、相手も心を開いてくれるものです。

アドラーの名言

**私たちはみな仲間です。**

# 第44話

人生に必要なのは、
「目立ちたい」「臆病と見られたくない」
という虚栄心からの勇気ではなく、
人生の課題に失敗を恐れることなく
挑戦する「有用な勇気」である。

やや息切れ感はあるものの、子どもたちにとって憧れの職業の１つとなったユーチューバーですが、中には再生回数を稼ぎたいのか過激なことや、愚かなことにあえて挑戦する迷惑系ユーチューバーと呼ばれる人もいます。

あるいは、ユーチューバーではないもののアルバイト先や飲食店などで馬鹿げた行為を繰り返し、その動画が拡散されることで家族や学校、会社に迷惑をかけるばかりか、自分の人生もダメにしてしまう人もいます。

こうした行為を引き起こすのは「目立ちたい」とか、「自分は凄いことをやっているぞ」といったつまらない虚栄心からです。

虚栄心から愚かな行為に走る人がいるように、勇気を蛮勇などと勘違いして愚かな行為に走る人もいます。

そこにあるのは怖いもの知らずで、無鉄砲な行動が勇気だという誤解ですが、こうした蛮勇は真の勇気ではありません。臆病や虚栄心の裏返しです。

その違いを示すためにアドラーは勇気を「有用な勇気」とそれ以外に分けています。

ある日、泳ぎのできない少年が他の少年と泳ぎに行ったところ、水は深く、危うく溺れるところでした。

その少年は周りから賞賛されたかったのでしょうが、泳げないにもかかわらず「勇気を出して」泳ごうとしました。

溺れそうになったらきっと誰かが助けてくれると自分に都合のいいシナリオを書いていたのかもしれません。

しかし、こうした行為は真の勇気ではなく、有用ではない勇気、ある種の「蛮勇」に過ぎないとアドラーは説いています。

少年の蛮勇は泳げない、水に飛び込むことができないという事実を認めたくない臆病さから出た愚かな行為に過ぎませんでした。

アドラーが挙げているもう1つの例は3人の少年が動物園で初めてライオンを見た時の反応です。

1人目の少年は振り返って「家へ帰ろう」と言いました。

2人目の少年は震える声で「何て素敵なんだろう」と勇気がある振りを必死に演じようとしました。

そして3人目の少年は「ライオンに唾を吐きかけてもいいか?」と強がってみせました。

アドラーによると1人目の少年はやや過剰ではあるものの初めてライオンを見た少年

としては健全な反応であるのに対し、後の２人は恐怖心を隠すために強がってみせており、「虚栄心」があるといいます。

自分の臆病を隠すための「行き過ぎた勇気」の証明となります。

アドラーは言います。

「真の勇気はいつも有用な勇気である」

人生の課題に挑戦し、そこからたくさんのことを学んで成長していくためには勇気が必要です。しかし、一方で「勇気がある」は間違った勇気と誤解されることも少なくありません。勇気は英雄主義とは違います。

真の有用な勇気は人生の課題に失敗を恐れることなく、他人の目を気にすることなくしっかりと対処するあり方を指しています。

勇気には無用な強がりもヒロイズムも必要ないのです。

アドラーの名言

**真の勇気はいつも有用な勇気である。**

# 第45話

「自分の利益」「自分たちの利益」

だけでなく、もう少し広い視点を
持つようにしよう。

それが「正しい決断」につながり、

「やり抜く力」となるのです。

たとえば会社の利益と社会の利益が相反するものだった時、あるいは個人の利益と社会の利益が相反するものだった時、どちらを選ぶのが正解なのでしょうか？

そこまで大きな選択ではないとしても、「こちらを立てれば、あちらが立たず」と簡単には決断できないというのもよくあることです。

客観的に見れば、答えははっきりしているように思えますが、その渦中にいる当人にとっては決断は簡単ではありません。

アドラーが「共同体感覚の大きさを決めることが難しいケース」としてこんな例を挙げています。

「たとえば戦争でもう既に半分負けたと思っているのに、軍隊の最高司令官がなおも何千という兵士を死へと駆り立てるという場合について判断しなければならない時である。司令官は当然、国益のために行なったという立場を主張するだろうし、そのことに同意する人も多いだろう。しかし、彼がたとえどんな理由を挙げるとしても、われわれは今日、彼を正しい仲間と見なすことはほとんどないだろう」

結果が既に見えており、その先にあるのは大勢の死のみと分かっていながらあえて戦うことを指示する。それを「最後の一兵卒まで」の勇敢さと見るか、人の命を軽んじる行為と見るか。最高司令官としては正しい判断かもしれませんが、たくさんの人の命を預かる人間としては正しい判断と言えるのでしょうか？

アドラーはこうしたケースでは「公共の利益、全体の幸福の観点」が必要だと考えていました。アドラーは言います。

「このようなケースにおいて正しい判断ができるために必要なのは、普遍妥当的な観点である。われわれにとっては、これは公共の利益、全体の幸福の観点である。この観点に立てば、決定が困難であるケースはほとんどないだろう」

人は何かを「やる」と決めれば、それを正当化するための都合の良い理屈をひねり出すことがよくあり、時にその理屈はとても耳触りのいいものであることもあります。

一方で、その理由は本当に公共の利益、全体の幸福に資するものなのでしょうか？

アドラーはそう問いかけています。判断に迷った時には「より大きな共同体の利益を考えよ」がアドラーの考え方でした。

こうした「私心を離れた正しさ」を生涯の指針としていたのが京セラ創業者の稲盛和夫さんです。

稲盛さんは20代で京セラを創業した際、設立したばかりの経営者として何を基準に判断すべきかに頭を悩ました結果、経営における判断は、世間で言う「筋の通ったこと」、つまり「人間として何が正しいか」という基準を会社経営の原理原則とし、それをベースとしてすべてを判断することに決めています。

「公平、公正、正義、誠実」といった普遍的な価値のことです。その後、経営者として成功した稲盛さんはａｕブランドで知られるＫＤＤＩの設立やＪＡＬの再建といった難しい判断を迫られた時、自らに「動機善なりや、私心なかりしか」と問いかけたうえで決断をしています。「自分の決断は人として正しい」という思いが稲盛さんにとって実行するうえでの支えとなったのです。

「自分の利益」ばかりを追い求めると、時に間違った選択をすることがあります。アドラーの言う「公共の利益、全体の幸福の観点」を持つことで人は正しい選択ができるし、自信を持って行動できるようになるのです。

アドラーの名言

公共の利益、全体の幸福の観点に立てば、決定が困難であるケースはほとんどないだろう。

## 参考文献

次の書籍を参考にしました。岸見一郎氏はアドラー研究の第一人者であり、実に多くのことを学ばせていただきました。

『個人心理学講義』アルフレッド・アドラー著、岸見一郎訳、アルテ
『性格の心理学』アルフレッド・アドラー著、岸見一郎訳、アルテ
『生きる意味を求めて』アルフレッド・アドラー著、岸見一郎訳、アルテ
『勇気はいかに回復されるのか』アルフレッド・アドラー著、岸見一郎訳・注釈、アルテ
『性格はいかに選択されるのか』アルフレッド・アドラー著、岸見一郎訳・注釈、アルテ
『恋愛はいかに成就されるのか』アルフレッド・アドラー著、岸見一郎訳・注釈、アルテ
『子どもの教育』アルフレッド・アドラー著、岸見一郎訳、一光社
『アドラーの生涯』エドワード・ホフマン著、岸見一郎訳、金子書房
『アドラー　人生を生き抜く心理学』岸見一郎著、ＮＨＫブックス
『アドラー心理学入門』岸見一郎著、ベスト新書

『困った時のアドラー心理学』岸見一郎著、中公新書ラクレ
『人生を変える勇気』岸見一郎著、中公新書ラクレ
『仕事力　金版』朝日新聞社編、朝日文庫

なお、文中にはたくさんの偉人たちの言葉が登場しますが、これらは基本的に私の著書の中から引用させていただきました。当然、それぞれに出典がありますが、あまりに膨大になるため今回は割愛させていただきます。

**桑原晃弥（くわばら・てるや）**

1956年、広島県生まれ。経済・経営ジャーナリスト。慶應義塾大学卒。業界紙記者などを経てフリージャーナリストとして独立。トヨタ式の普及で有名な若松義人氏の会社の顧問として、トヨタ式の実践現場や、大野耐一氏直系のトヨタマンを幅広く取材、トヨタ式の書籍やテキストなどの制作を主導した。一方でスティーブ・ジョブズやジェフ・ベゾス、イーロン・マスクなどの起業家や、ウォーレン・バフェットなどの投資家、本田宗一郎や松下幸之助など成功した経営者の研究をライフワークとし、人材育成から成功法まで鋭い発信を続けている。

著書に『１分間アドラー』（ＳＢクリエイティブ）、『「ブレない自分」をつくるコツ アドラー流一瞬で人生を激変させる方法』『スティーブ・ジョブズ名語録』(以上、ＰＨＰ研究所)、『トヨタ式「すぐやる人」になれる８つのすごい！仕事術』(笠倉出版社)、『ウォーレン・バフェットの「仕事と人生を豊かにする８つの哲学』(KADOKAWA)、『逆境を乗り越える渋沢栄一の言葉』(リベラル社)、『amazonの哲学』(大和文庫)、『イーロン・マスクの言葉』（きずな出版）、『世界の大富豪から学ぶ、お金を増やす思考法』（ぱる出版）などがある。

# 自己肯定感《じここうていかん》を高《たか》める、アドラーの名言《めいげん》

2023年８月１日　初版発行

著　者　桑原晃弥
発行者　和田智明
発行所　株式会社 ぱる出版

〒160-0011　東京都新宿区若葉1-9-16
03(3353)2835 ー代表　03(3353)2826 ー FAX
03(3353)3679 ー編集
振替　東京 00100-3-131586
印刷・製本　中央精版印刷（株）



ISBN978-4-8272-1401-7　C0034